KB098772

포스트 코로나 시대,
학교가 디자인하는
미래교육

미래학교의 선택과 집중에 관한 거의 모든 것

포스트 코로나 시대,
학교가 디자인하는 미래교육

발행일　2020년 12월 22일 초판 1쇄 발행
　　　　　2023년 01월 27일 초판 4쇄 발행

지은이　송영범

발행인　방득일

편　집　박현주, 허현정

디자인　강수경

마케팅　김지훈

발행처　맘에드림

주　소　서울시 도봉구 노해로 379 대성빌딩 902호

전　화　02-2269-0425

팩　스　02-2269-0426

e-mail　momdreampub@naver.com

ISBN　979-11-89404-41-3 93370

미래학교의 선택과 집중에 관한 거의 모든 것

포스트 코로나 시대,

학교가 디자인하는 미래교육

송영범 지음

맘에드림

포스트 코로나 시대의 미래교육

고대혁, 경인교육대학교 총장

"정의·자유·평화를 위한 인류 교육은 인간의 존엄성을 수호하기 위해 반드시 필요한
것이며, 인류 전체가 상호 관심과 협력의 정신으로 완수해야 할 신성한 의무이다."
- UNESCO 헌장 중 일부(1953.7.6.)

코로나19 팬데믹 선언으로 전 세계 인류는 거의 모든 분야에서 급
속한 변화를 맞이했다. 그리고 교육 분야도 예외는 아니다. 포스트
코로나 시대에 미래교육은 어디로 가야 할 것인가? 그동안 세계화
의 진전과 제4차 산업혁명으로 인해, 전 세계의 상호 의존성과 연
결성은 그 어느 때보다 훨씬 긴밀해졌다. 기후, 인권, 테러 등 전 세
계적 문제에서도 그렇고, 코로나19 확산과 관련해서도 그 모습이
확연히 드러났다. 이제 이러한 문제들은 어느 한 국가가 감당해야
할 책임으로 볼 수 없으며, 특정한 국가나 일부 집단의 노력만으로
는 해결할 수 없는 수준이다. 이 문제들에 대응하기 위해 국제사회
는 UN을 중심으로 지속가능발전목표(SDGs)를 설정하고, 전 세계

구성원 모두가 좀 더 평화롭고 지속가능한 세상을 만드는 활동에 적극적으로 참여하자고 합의하였다. 이러한 합의가 공허한 외침이 되지 않으려면 우리는 무엇을 어떻게 해야 할까? 국제사회는 그 답을 **교육**에서 찾아야 한다고 입을 모은다. 물론 모든 문제에 교육이 답일 수는 없을 것이다. 또한 당장 코로나19로 생명의 위협을 느끼고, 자연재해나 빈곤으로 고통받으며, 전쟁과 테러의 공포 속에서 살아가는 사람들에게 "교육이 희망"이라는 말은 어쩐지 공허한 외침처럼 들리며 피부로 와닿지 않을 수도 있을 테니 말이다. 하지만 교육을 배제한 채 해결책을 찾는 것은 불가능한 일이다. 그런 까닭에 국제사회에서는 교육에 대한 인본주의적이고 총체적인 접근이 새로운 인류와 지속가능한 세상으로 나아가는 데 필수적인 부분이며, 실제적인 행동으로 함께 실천해야 한다고 주장하는 것이다.

이 책에서 다루고 있는 전 세계 대표적인 문제들인 팬데믹, 기후변화, 인공지능, 인구와 식량, 경제 문제 등에 대한 인본주의적이고 총체적인 접근은 미래 인류가 함께 평화롭고 지속가능한 공동체로 나아가는 데 꼭 필요한 공동의 인식을 함께하도록 제안한다. 이것이 제안에 머물지 않고 실제적 행동으로 이어질 수 있도록 교육사조를 통한 미래교육 방향을 전망하는 동시에, 최근의 국내외 교육 트랜드를 주제별로 정리하여 함께 실천하는 방법을 이야기한다.

이러한 내용들은 포스트 코로나 시대에 미래교육의 방향과 실천 방법을 고민하고 있는 독자들에게 적잖이 도움을 줄 것으로 기대한다. 서두의 유네스코 헌장에 언급되어 있듯이, 우리 교육이 나아가야 할 방향은 "정의·자유·평화를 위한 교육이어야 하며, 인류 전체가 연대와 공조를 강화시켜 나가는 교육"이 되어야 할 것이다. 그리고 이러한 신성한 의무는 교육자들에게만 주어진 것이 아니라 우리 인류 공동체의 구성원 모두에게 주어진 시대의 사명이다.

미래학교가 나아갈 방향

오정재, 경인교대부설초등학교 교장

제4차 산업혁명과 포스트 코로나 시대에 미래 인재를 양성해야 하는 학교는 더 이상 지식과 기능 전달의 장에 머물러서는 안 된다. 학교는 미래 사회에 꼭 필요한 창의적으로 생각하는 역량, 공동체에서 협업하는 역량, 미래 변화에 대응하기 위해 자율적으로 학습할 수 있는 역량 그리고 인간성과 인간의 감성을 강화하는 인성 역량을 함양할 수 있는 새로운 교육의 장이 되어야 한다.

아울러 학교에서 교사의 역할도 바뀌어야 한다. 기존의 교수- 학습 방식에 머무른 지식 전달자로서의 교사 역할은 이미 학원 강사, 온라인 강사, 인터넷 포털의 지식 검색 등으로 그 의미가 약화된 지오래이다. 더욱이 인공지능이 교육에 적용되면 학생 개개인의 지식 수준에 맞춘 1대1 개인학습 지도가 가능해져 지식 전달자로서의 교사 대체는 더욱 가속화될 것이다. 이제 교사는 학생들의 창의력, 협업능력, 미래 적응과 인성 함양을 위한 가이드, 조력자, 동기부여자, 상담자, 멘토의 역할을 담당해야 한다. 즉 미래학교는 학생들에게 미래 핵심역량을 갖추고 지속가능한 미래 인류 공동체를 위해 함께하는 인성을 갖춘 미래형 인재를 양성하는 방향으로 총체적 변화를 모색해 나가야 한다.

특히 제4차 산업혁명으로 소프트웨어교육, 코딩교육, 메이커교육, AI교육 등 최신의 교육 흐름들이 이미 교실 현장에 적용되고 있다. 아울러 코로나19 팬데믹으로 인해 온라인 개학과 언택트 교육, 블랜디드 러닝 등이 우리의 교육 현장으로 빠르게 스며들면서 이제 학교교육은 완전히 새로운 양상으로 접어들었다. 이러한 제4차 산업혁명과 코로나19가 불러온 학교교육의 급격한 변화와 함께 학교는 스스로의 존재 이유와 가치, 역할에 대해 개념을 새롭게 정립하고 제시해야 하는 상황에 직면하였다. 미래학교는 무엇을 위해 존재해야 하는지, 어떠한 역할을 수행해야 하는지, 그리고 어디를 향해 나아가야 하는지를 깊이 있게 논의해야 할 시점에 서게 된 것이다.

그러한 논의를 담은 이 책은 이러한 질문들에 대해 학교 안팎의 시각에서 전 세계 상황들까지 연결지어 답변을 제시한다. 《포스트 코로나 시대, 학교가 디자인하는 미래교육》이라는 이 책의 타이틀처럼 미래학교가 나아갈 총체적 변화와 방향성을 찾고 있는 독자들에게 이 책을 추천한다. 책 속에서 미래학교의 존재 이유와 역할, 그리고 나아갈 방향을 찾을 수 있을 것이다.

인류 공동의 위기 속에서 탐색한
학교교육의 새로운 패러다임

코로나19 이전의 전 세계 대표적인 이슈를 꼽으라면 다음 두 가지일 것이다. 하나는 2016년 WEF(세계경제포럼)의 클라우스 슈밥(Klaus Shuwab) 회장이 화두로 던진 인공지능(AI) 기술을 핵심으로 하는 제4차 산업혁명이며, 다른 하나는 2019년 UN 기후행동 정상회의에서 스웨덴의 청소년 환경운동가 그레타 툰베리(Greta Thunberg)의 연설로 화제가 된 기후변화에 대한 인류의 공동 대처이다. 하지만 이러한 전 세계 주요 이슈들은 코로나19 팬데믹(COVID-19 Pandemic) 선언으로 잠시 관심의 중심에서 멀어졌다. 그만큼 2020년은 그야말로 코로나19의 독무대였다. 현재까지 전 세계 약 6,000만 명 이상의 인구가 코로나에 확진되었으며, 140만 명 이상의 사망자가 발생하였다(이 수치는 지금도 계속 늘고 있다). 세계인 모두가 죽음의 공포를 경험하는 가운데 인류 공동의 위기에 대응하려는 **공조**와 **연대**의 목소리와 움직임을 강조하고 있다.

교육 분야도 코로나19 팬데믹으로 유례없는 온라인 개학과 비대면 학습 등의 커다란 변화를 경험하고 있다. 동시에 학교교육에서도 새로운 패러다임이 요구되고 있다. 이에 학교와 구성원들이 기본적으로 알아야 할 학교 안팎의 주요 이슈는 무엇이고, 이러한 변화 속에서 학교교육이 생존하기 위해 결정해야 하는 것들은 무엇이며, 미래에도 학교가 의미 있게 존재하기 위해서는 무엇에 집중해야 할 것인지에 대해 다 함께 인식을 공유할 필요가 있었다. 코로나19로 국내외 교육 환경이 급변하는 상황에서 책을 쓴다는 것이 다소 부담스러웠지만, 충분히 도전해볼 만한 가치가 있다고 믿었다.

이에 본 책의 1부에서는 우리 교육과 학교가 대면한 국내외 주요 이슈들에 대해 살펴보았다. 예컨대 팬데믹, 기후변화, 인공지능, 인권침해, 인구문제, 식량위기, 경제위기가 그러한 주제들이다. 각각의 주제들은 따로 떨어져 존재하는 것이 아니라 우리의 삶과 교육 그리고 미래에 밀접하게 연결되어 있음을 확인할 수 있을 것이다. 2부에서는 1부의 주제들로 인해 발생하는 변화 속에서 교육이 마주하게 될 상황들에 대해 다뤄보았다. 예를 들어 팬데믹에 대처하는 공공보건과 개인 인권의 서로 대립하는 가치를 판단하고 접근하는 교육적 입장, 경제문제와 인구문제에서 발생되는 부의 양극화와 세습, 공정성과 남녀차별 등의 문제들을 통해 교육이 견지해야 할 올바른 인식과 입장은 무엇인지에 대해서도 함께 생각해보고자 하였다. 끝으로 3부에서는 교육과 학교가 지속가능하기 위해 집중해야 할 방향에 대한 것이다. 우선 과거 소크라테스로부터 포스트모던까지의 교육사조를 살펴봄으로써 미래의 교육 방향을 전망해보는 한편, 국제기구들(UN, UNESCO, IB, OECD, WEF)이 강조하고 있는 교육의 핵심은 무엇인지를 알아보았다. 아울러 최근의 학교 현장에서 주목받고 있는 세계시민교육, 지속가능발전교육, 인공지능교육, 휴먼웨어교육, 블렌디드러닝, 프로젝트학습, 평생학습, 포괄적 성교육 등에 대해서도 총체적으로 안내하였다. 이 책이 포스트 코로나 시대에 미래교육과 학교가 나아갈 방향을 제

시하는 데 있어 교육 공동체에 조금이나마 유용한 안내와 참고가
될 수 있기를 바란다.

　이번 책을 집필하는 데 도움을 주신 분들이 많다. 교육에 대한
깊이 있는 이해와 실천의 경험을 가질 수 있도록 함께 해준 경인교
대부설초등학교 동료 선생님들, 책 집필에 집중할 수 있도록 끊임
없는 배려와 헌신으로 지원해준 서울과 인천의 부모님들, 사랑하
는 아내 그리고 아들들, 특히 사랑하는 아내와 가족들이 보내준 정
서적 지지와 조언들은 말로 다 할 수 없는 큰 힘이 되었다. 마지막
으로 집필 방향과 편집 과정에서 든든한 후원자가 되어준 맘에드
림 박현주 편집자에게도 진심으로 감사의 마음을 전한다. 더불어
이 과정에 도움을 주신 모든 분들께도 감사의 마음을 전한다.

2020년 11월

송영범

"학교가 맞닥뜨린 주요 이슈들에 관하여"

01 격변의 시대와 미래교육

ISSUES

"미래학교로 진화하기 위한 질문과 마주하다"

02 선택의 기로와 진화

QUESTIONS

"지속가능한 학교를 위해 무엇에 집중할 것인가?"

03 미래학교와 집중의 방향

D
I
R
E
C
T
I
O
N
S

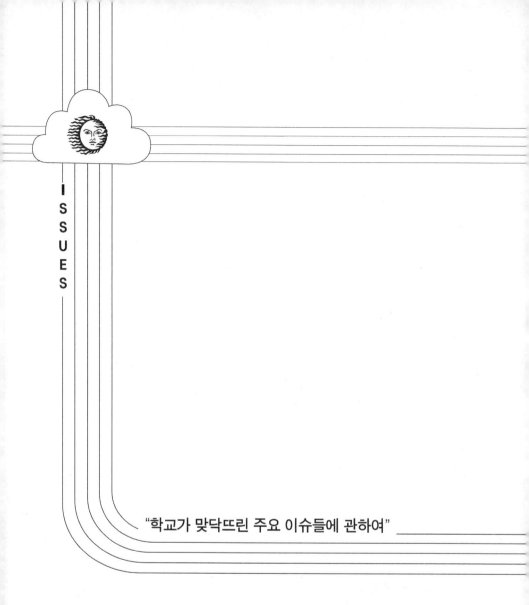

"학교가 맞닥뜨린 주요 이슈들에 관하여"

2020년 전 세계를 뒤덮은 코로나19의 팬데믹은 정치, 경제, 사회, 문화 전반에 엄청난 영향을 미치고 있다. 이는 또한 미래사회로의 변화 속도를 가속화시켜 우리가 막연히 생각만 해온 것들이 눈앞의 현실로 속속 바뀌어가고 있다. 단적으로 각 학교는 공교육 사상 초유의 온라인 개학을 경험하기도 했다. 하지만 이것은 서막에 불과하다. 변화의 대홍수 속에서 학교 무용론까지 제기되는 지금, 미래의 학교가 생존은 물론 진화하기 위해 알아야 할 이슈들에 대한 점검으로 이 책을 시작하려고 한다.

격변의 시대와
미래교육

코로나19 이전의 세상은
다시 돌아오지 않는다

2020년 3월 11일. 세계보건기구(WHO: World Health Organization)가 팬데믹(Pandemic)을 선언하였다. 2019년 12월 중국 우한에서 시작된 코로나19(COVID-19)는 전염성 질환을 넘어 전 세계의 정치, 경제, 사회, 문화 등 우리 인류의 전 영역에 걸쳐 기존 패러다임에 일대 전환을 가져왔다.

우리가 기존에 알고 있던 'Before Christ'의 BC와 'Anno Domini'의 AD는 이제 'Before Corona'와 'After Disease'라고 바뀌어야 할 지경이다. 그만큼 코로나19가 미친 영향력과 그로 인한 불확실성은 포스트 코로나(Post Corona) 시대에 대한 무수한 전망들을 쏟아내고 있다.

물론 코로나19 이전에도 인류의 역사마저 뒤바꾼 위력적인 전염병은 여러 번 발생했다. 그중 대표적인 것을 몇 가지 꼽으면 14세기 중세 유럽인들 3분의 1의 목숨을 앗아간 '흑사병(Black Death)', 1918년 전 세계에서 5,000만 명 이상의 사망자를 발생시킨 '스페인 독감(Spanish flu.)', 1968년 100만 명 이상이 사망한 '홍콩 독감(Hong Kong flu)' 등이 있다.

세계보건기구가 설립된 1948년 이후 팬데믹이 선언된 경우는, 1968년 '홍콩 독감', 2009년 '신종플루A', 2020년 '코로나19' 등 단 세 차례에 불과하다. 실제로 코로나19는 세계사를 바꾼 전염병에 포함될 정도로 우리 인류를 위협하는 전염병이 되었다.

역사를 바꾼 전염병들

1346-1353년	1918-1920년	1968-1969년
흑사병	스페인독감	홍콩독감
중앙아시아에서 시작	미상(프랑스 미국 중국 등)	홍콩에서 시작
1억 5,000만 명 사망	5,000만 명 사망	100만 명 이상 사망

세계보건기구가 팬데믹을 선언한 전염병 사례

1968년	2009년	2020년-현재
홍콩독감	신종플루A	코로나19
홍콩에서 시작	멕시코에서 시작	중국 우한에서 시작
100만 명 이상 사망	1만 8500명 사망	140만 명 이상 사망(진행중)

이러한 전염병들은 인류 과학과 의학의 발달로 점차 줄어들기는 하지만, 변이된 바이러스의 출몰로 인해 다시 증가하면서 현재에도 여전히 인류를 불안에 떨게 만들고 있다. 바이러스의 변이는 비교적 자연스러운 현상이다. 다른 생명체의 세포를 공략하며 자신이 살아남아야 하다 보니 변이를 통한 다양성을 추구할수록 자신의 생존에 유리해지기 때문이다.

코로나19 바이러스의 구조는 단순하다. 유전물질인 RNA를 돌기 모양의 스파이크 단백질이 감싸고 있는 형태이다. 그런데 이 바이러스도 변이를 일으키며 인류를 공격하고 있다. 일반적으로 코로나19의 변이는 3단계로 구분해볼 수 있다. 첫 번째 단계는 바이러스가 자신을 복제하는 과정에서 RNA를 구성하는 3만여 개의 염기 서열에 변이가 일어나는 것이다. 두 번째는 이러한 서열에 변이가 생긴 염기가 모여 아미노산을 이루고, 아미노산이 단백질을 구성하는 과정에서 단백질의 변이가 일어나는 것이다. 세 번째로는 단백질의 변이가 생화학적 특성의 기능에 변이를 일으키는 것이다. 다행스러운 점은 단백질은 수백 개에서 수천 개의 아미노산으로 구성되며 아미노산에서 변이가 발생하더라도 단백질의 변이라든가 기능을 크게 바꾸지는 못한다는 점이다.

그러한 점에서 코로나19 바이러스 백신 연구는 인간의 신체에 침투하는 역할을 하는 스파이크 단백질을 표적으로 삼는다. 현재까지 코로나19 바이러스는 스파이크 단백질을 사람의 세포수용체에 결합시켜서 인체에 침투하는 것으로 알려졌다. 따라서 사람 세포의 문을 여는 열쇠의 기능을 하는 스파이크 단백질을 제어하여 바이러스를 통제하려는 백신 개발이 이어지고 있다. 머지않아 인류 역사에 영향을 주었던 수많은 전염병들과 마찬가지로 코로나19 바이러스도 현재의 발전된 과학과 의학을 활용한 백신 개발을 통해 통제할 수 있을 것으로 보인다.

과거 우리 인류는 전염병을 극복하는 과정 속에서, 상하수도 시스템의 변화, 생활 속 보건위생의 강화, 예방접종의 확산, 의료 환경의 개선 등과 같이 진일보해왔다. 이와 마찬가지로 포스트 코로나 시대에도 우리 인류의 삶은 한층 더 새롭게 진화된 사회 모습과 발전된 문화가 등장할 것으로 기대된다.

하지만 코로나19를 극복하는 과정에서 인류 공동체가 어떠한 행동을 보이느냐에 따라 앞으로 인류 전체가 함께 희망의 꽃길을 걸어가게 될지, 아니면 희망에서 소외된 채 반목과 아픔으로 고통받는 지역과 대상이 발생하게 될지는 결국 모두 우리의 선택에 달려 있다. 특히, 현세대와 후세대에게 미래 인류를 위해 어떠한 가치와 의지를 심어줄 것인가를 좌우하는 교육의 역할과 고민은 한층 더 막중해질 것이다.

이제는 기상이변이
아니라 기후재앙이다

단순히 기상이변으로 치부할 수 없는 참혹한 기후재앙이 지구촌 곳곳을 덮치고 있다. 우리나라만 보더라도 2020년 여름 역대급 장마철 폭우로 인한 물난리로 50여 명이 목숨을 잃었으며, 8,000여 명이 넘는 수해 이재민이 발생하였다. 피해 규모가 막대해 특별재난지역으로 선포된 지방자치단체만도 20여 곳에 이른다. 전국 각지에서 산사태도 1,500건이 넘게 발생하였다. 또한 농경지가 물에 잠기고 닭과 오리 등 가금류 180만 마리 이상, 돼지 6,000마리 이상이 홍수에 휩쓸려 폐사했다. 인접 국가인 중국에서는 수재민이 우리나라 인구에 버금가는 5,000만 명을 넘어섰으며, 재산 피해액만 144억 위안(약 24조 6,000억 원)에 달하고 있다고 한다. 또한 일본에서도 하천 105개가 범람하고, 70여 명이 사망하였다고 전해진다.

엄청난 물폭탄이 덮친 동북아 지역과 달리 북미와 유럽에서는 무시무시한 열폭탄에 시달려야 했다. 미국 캘리포니아에서는 40도를 넘는 폭염에 대형 산불로 몸살을 앓았고, 캐나다에서는 5,000년 된 빙모 2개가 사라졌다고 CNN이 보도하였다. 스페인에서는 기상 관측 사상 최고치인 42도를 기록했다고 국립기상청이 밝혔으며, 북극과 시베리아도 이상 고온으로 북극이 38도, 시베리아는 30도를 기록했다고 세계기상기구(WMO: World Meteorological Organization)가 밝히기도 했다.

기후재앙의 또 다른 현상은 곤충의 창궐이다. 따뜻해진 날씨로 인해 벌레가 월동할 수 있는 지역이 점차 북상하면서 날로 세력을 확장하고 있는 것이다. 일본 아사히신문에 따르면 일본 내 파리, 모기, 바퀴벌레 살충제의 매출이 전년 같은 기간 대비 5월은 26.1%, 6월은 34.9% 늘어났다고 보도하였다.

이러한 기후재앙은 자연뿐만 아니라 우리 인간에게도 직접적으로 영향을 미치고 있다. 예컨대 기후우울증이 바로 그것이다. 기후우울증은 기후변화가 심각하고, 기후위기에 대응해야 한다고 소리쳐도 꿈쩍하지 않는 사회에 대해 무력감을 느끼는 증상을 말하는 것으로 실제 존재하는 우울장애 중 하나이다.

2019년 《타임》 올해의 인물에도 선정된 십대 환경운동가인 스

| 폭우로 하천 범람 | 폭염으로 자연 산불 | 기온 상승으로 곤충 창궐 |

기후재앙의 사례들

폭우로 하천 범람과 폭염으로 인한 자연 산불, 기온 상승으로 인한 곤충의 창궐 등은 모두 기후재앙의 단면에 불과하다. 우리가 기후재앙을 외면한다면 머지않아 훨씬 더 큰 재앙을 목격하게 될지도 모른다.

웨덴의 그레타 툰베리(Greta Thunberg, 2003~현재)는 열한 살 때 기후재앙의 현실을 보여주는 영상을 접한 후 몇 달 동안 식음을 전폐하며 기후우울증을 심하게 앓았다고 한다. 이후 2019년 9월 유엔 기후행동 정상회의에서 세계 정상들을 향해 당당하게 꾸짖는 연설을 하며 16세의 환경운동가로 전 세계에 이름을 알리게 되었다. 툰베리의 연설 일부를 소개하면 다음과 같다.

이건 아닙니다. 저는 여기가 아니라 대서양 건너편 나라에 있는 학교로 돌아가야 합니다. 여러분은 희망을 바라며 우리 청년들에게 오셨다고요? 어떻게 감히 그럴 수 있나요? 여러분은 헛된 말로 저의 꿈과 어린 시절을 빼앗았습니다.

사람들이 고통받고 있습니다. 죽어가고 있어요. 생태계 전체가 무너져 내리고 있습니다. 우리는 대멸종의 시작점에 있습니다. 그런데 여러분이 할 수 있는 이야기는 전부 돈과 끝없는 경제성장의 신화에 대한 것뿐입니다. 도대체 어떻게 그럴 수 있습니까?

지난 30년간 과학은 분명했습니다. 그런데 어떻게 그렇게 계속해서 외면할 수 있나요? 그러고는 이 자리에 와서 충분히 하고 있다고 말할 수 있나요? 해결책이 여전히 아무 곳에서도 보이지 않는데요. 여러분은 우리가 하는 말을 듣고 있다고 긴급함을 이해한다고 합니다. 그러나 여러분들이 아무리 슬프고 화가 난다고 해도 저는 그 말을 믿고 싶지 않습니다. 만약 정말로 지금 상황을 이해하는데도 행동하지 않는 거라면 여러분은 악마나 다를 바 없기 때문입니다. 그래서 저는 그렇게는 믿고 싶지 않습니다.

여러분은 우리를 실망시키고 있습니다. 그러나 우리 세대는 여러분이 배신하고 있다는 것을 이해하기 시작했습니다. 모든 미래세대의 눈이 여러분을 향해 있습니다. 여러분이 우리를 실망시키는 선택을 한다면 우리는 결코 용서하지 않을 것입니다. 변화가 다가오고 있습니다.

"How dare you!"
어떻게 감히 그럴 수 있나!

2019년 9월, 인간 툰베리의 외침이 있은 지 1년이 지난 지금, 또 다른 생명체가 기후재앙에 대해 외치고 있다. 그 생명체는 다름 아닌 코로나19 바이러스이다. 코로나19의 외침으로 인류는 멈춰 섰고 삶의 방식마저 달라졌다. 순식간에 온실가스 배출량이 급감하였고, 미세먼지도 줄어들었다. 인류에겐 재앙인 코로나19가 역설적으로 지구의 기후환경을 회복시키는 역할을 하고 있는 것이다. 코로나19 바이러스가 우리 인간들에게 외치고 있다.

"How dare you!"

어떻게 감히 그럴 수 있나!

코로나19, AI기반의
온택트 시대를 앞당기다

2016년 6월 스위스에서 열린 세계경제포럼 (WEF: World Economic Forum)에서 의장인 클라우드 슈밥(Klaus Schuwab)은 처음으로 '제4차 산업혁명'이라는 용어를 사용하면서 전 세계 경제 패러다임에 새로운 화두를 던졌다. 그는 "이전의 1·2·3차 산업혁명이 전 세계적 환경을 혁명적으로 바꿔놓은 것처럼 제4차 산업혁명 또한 전 세계의 질서를 새롭게 만드는 동인이 될 것"이라고 밝혔다. 1784년에 시작된 1차 산업혁명은 증기기관의 발명 등으로 인간의 노동이 기계로 대체되기 시작한 혁명이며, 2차 산업혁명은 1870년을 기점으로 전기에너지 상용화와 함께 대량생산이 시작된 혁명이고, 3차 산업혁명은 1969년 컴퓨터와 인터

클라우드 슈밥

클라우드 슈밥(Klaus Schwab)은 2016년 세계경제포럼에서 인공지능을 중심으로 한 4차 산업
혁명이 전 세계 질서를 새롭게 만드는 동인이 될 것이라고 밝혔다.

넷의 출현으로 전자, IT산업의 발전과 자동화 등을 주요 내용으로
하는 혁명이다. 그리고 2016년 논의가 시작된 4차 산업혁명은 인
공지능(AI)을 중심으로 한 혁명이다.

　제4차 산업혁명의 핵심기술은 인공지능(AI: Artifitial Intelligence),
사물인터넷(IoT: Internet of Things), 가상현실(VR: Virtual Reality), 드
론(Drone), 빅데이터(Big data), 3D 프린팅(3D printing), 블록체인
(Block Chain), 자율주행차(Self Driving Car) 등을 꼽을 수 있다.

- AI(인공지능): 인간의 언어를 알아듣고 사람처럼 지각하고 판단하는 기
  능을 의미하는 것으로 구글 딥마인드의 알파고처럼 바둑게임에 특화

된 인공지능으로 개발되기도 하고, IBM의 왓슨처럼 암 진단 연구 등 의료용 인공지능으로 개발되기도 한다. 현재 의료, 금융, 행정, 법률 서비스 등 다양한 분야에서 인공지능이 개발되거나 사용되고 있는데, 미래에는 우리의 일상생활 거의 모든 곳에 인공지능이 도입될 것이다.

- IoT(사물인터넷): 사람, 사물, 공간 등 모든 것이 인터넷으로 연결되어 정보가 생성, 수집, 공유, 활용되는 초연결망을 의미한다. 각각의 사물에 센서가 달려 있고, 모두 인터넷에 연결되기 때문에 사람의 개입 없이도 사물과 사물이 서로 연결되고 정보를 주고받을 수 있다. 냉장고, 세탁기, TV, 공기청정기 등이 스마트폰에 연결되어 집 바깥에서도 쉽게 모니터링이 가능하고, 자동제어도 가능하도록 해주는 기술이다.

- VR(가상현실): 어떤 특정한 환경이나 상황을 컴퓨터로 만들어서 그것을 사용하는 사람이 마치 실제 주변 상황 및 환경과 상호작용을 하고 있는 것처럼 만들어주는 인간과 컴퓨터 사이의 인터페이스를 말한다. 가상현실은 사람들이 일상적으로 경험하기 어려운 환경을 직접 체험하지 않고서도 그 환경에 들어와 있는 것처럼 보여주고 조작할 수 있게 해준다. 응용 분야는 교육, 고급 프로그래밍, 원격조작, 원격위성 표면탐사 등이 있다.

- Drone(드론): 무선전파로 조종할 수 있는 무인 항공기다. 카메라, 센서, 통신시스템 등이 탑재되어 있으며 무게와 크기도 다양하다. 드론은 군사용도로 처음 생겨났지만 최근엔 고공 촬영과 배달, 농약 살포, 공기질 측정, 교육, 취미생활 등 다방면에 활용되고 있다.

- Big Data(빅데이터): 이미 다양한 분야에서 활용되고 있다. 일례로 기업은 방대한 양의 고객 소비 패턴을 데이터로 축적하고, 이를 분석하여 상품 추천 서비스나 신제품 개발 등에 활용하고 있으며, 경찰청은 교통 및 범죄 정보를 이용하여 지능형 교통안내 서비스나 범죄 예방 시스템을 구축하고 있다.

- 3D Printing(3D 프린팅): 디지털 설계도나 모델을 기반으로 원료를 층층이 쌓는 방식의 출력을 통해 입체적인 물체를 만드는 기술이다. 가장 널리 이용되는 기계로 디지털 공작기계를 우리 주변에서 쉽게 찾아볼 수 있다.

- Block Chain(블록체인): 2018년 초 암호화폐인 비트코인이 사회적 이슈가 되었는데, 이때 이 암호화폐를 가능하게 해주었던 원천기술이 바로 블록체인이다. 블록체인은 블록이라고 불리는 거래 장부를 중앙 서버에 보관하지 않고, 각자 개인 컴퓨터에 분산하고, 이를 마치 체인처럼 연결해 각자가 체인을 풀 수 있는 나름의 비밀열쇠를 만들어서 보관할 수 있게 해주는 혁신적인 기술이다.

- Self Driving Car(자율주행차): 사람이 운전하지 않아도 자율적으로 주행하는 자동차를 말하며, 초고속 5G 통신, 사물인터넷 등 첨단 기술들이 자동차에 집약적으로 적용된 것이다. 자율주행차는 무엇보다 교통사고로 인한 인명피해를 획기적으로 줄여주고, 차량 공유가 쉬워지며, 교통 시스템을 효율적으로 운영될 수 있도록 해줄 것으로 기대되고 있다.

이와 같은 4차 산업혁명의 핵심기술들은 인터넷(Internet), 센서 (sensor), 초연결(hyper-connected), 원격(remote), 무선(wireless), 전파(electronic wave) 등의 특징을 지닌다. 머지않아 인공지능, 즉 AI 와의 연결은 인간의 삶에 가장 중요한 협력 도구로 작용할 것이다. 최근에는 코로나19 팬데믹으로 인한 사회적 거리두기(social distancing)의 생활화와 맞물리면서 언택트(Untact) 시대를 극복하며 **온택트(Ontact)[1] 시대**를 살아가는 데 적합한 AI 기술들이 시너지를 일으키며 급속도로 발전하고 또 융합하면서 우리 생활 속으로 빠르게 스며들고 있다.

의료 분야의 비대면 진료와 AI 진단 서비스의 확산, 빅데이터와 딥러닝을 접목시킨 전자상거래 확대, 언택트 시대의 불안요소를 반영한 시장동향과 신용평가에 기반한 AI 주식 추천 서비스, AI가 중심이 되는 디지털 물류 관리 및 배송 시스템, 노인들의 생체 정보를 실시간 감시하고 관리해주는 노인돌봄 AI 서비스, 개인정보 및 사이버 공간에서의 위협에 대비한 AI 보안 기술의 증가 등은 이미 우리 현대인들에게 흔한 일상이 되어가고 있다.

이제 우리는 코로나19가 성큼 앞당긴 온택트 시대에서 제4차 산업혁명의 핵심기술과 함께하는 AI 사회에서 살아가게 되었다. 이러

---

1. 비대면의 '언택트(Untact)'에 온라인을 통한 외부와의 '연결(On)'을 더한 개념. 다시 말해 온라인으로 대면하는 방식을 뜻한다. 이는 코로나19의 장기화로 떠오른 새로운 흐름이다.

한 AI 사회의 모습은 앞으로 사람들이 AI를 어떻게 수용하고 활용하느냐에 따라 삶의 방식과 문화는 다양한 방향으로 바뀔 것이다. 인류가 걸어온 수많은 역경 극복의 역사 속에서 인류가 희망적인 다음 시대와 사회로 나아갈 수 있었던 가장 중요한 요인은 바로 인본주의의 사상과 인류 의지에 기반한 실천이었다. 따라서 코로나19로 인한 언택트 시대에, 그리고 4차 산업혁명이 불러온 AI 사회에서도 우리는 **인간성(humanity)**의 발현과 **인본주의**를 실천하려는 의지를 지켜나가야 할 것이다. 그리고 이 모든 것은 우리가 만들어가는 **교육**을 통해 구현되어야 할 것이다.

04 인권침해

큰 정부론의 부상,
빅브라더를 현실화하다

우리나라는 코로나19 방역을 위한 적극
적인 개인정보 공개를 통해 전 세계적으로도 코로나19 확산을 초
기 단계에서 차단하며 빠르게 안정기에 들어섰다는 평가를 받았
다. 이는 '감염병예방법'에 근거하여 휴대전화 위치와 기지국 접속
기록, 카드결제 내역과 CCTV 분석 등을 통해 확진자의 동선을 신
속히 파악하여 공개하였기에 가능한 일이었다. 그런데 중국 일부
지방정부의 경우 코로나19 확산 방지를 위해 휴대전화에 건강 QR
코드 앱을 설치하도록 하였다고 한다. 이 코드는 진료기록, 위치정
보, 통신내역, 결제정보 등을 종합적으로 반영하도록 설계되어, 개
개인의 건강상태와 위치정보에 따라 색깔(초록, 노랑, 빨강)이 바뀌

건강 상태와 위치 정보를 반영한 큐알코드
코로나19의 팬데믹 상황에서 건강 상태 및 사람들의 이동을 관리하기 위한 용도로 활용되었다. 공공의 선을 추구하기 위한 것이기는 했지만, 사생활 침해 문제에서 자유로울 수 없다.

게 된다. 그리고 이러한 코드는 비단 개인의 건강상태를 알려주기 위해서만 존재하는 것이 아니라, 실상 사람들의 이동을 관리하기 위한 용도로도 활용되었다. 사실상 초록 QR코드가 없으면 이동 자체가 불가능하다. 코드를 공개하지 않으면 버스, 기차, 지하철, 택시 등 대중교통에 아예 탑승할 수조차 없기 때문이다.

　서구 사회에서도 이와 비슷한 사례를 찾아볼 수 있다. 미국과 유럽 일부 도시에선 시민들의 사회적 거리두기 감시를 위해 드론을 띄우기도 했다. 또 이스라엘은 법원 영장 없이 잠재 감염자들의 휴대폰에 접근하여 실시간으로 위치정보를 빼낼 수 있는 긴급명령까지 발동했다. 영국은 코로나19 비상법안을 통해 정부가 코로나19

를 전파시킬 위험이 있는 사람을 경찰이 구금 및 격리할 수 있도록 하는 내용을 담았다. 헝가리는 지난 3월 국가비상사태를 무기한 연장할 수 있는 〈코로나19 방지법〉을 제정하고, 정부 정책에 문제를 제기하는 언론인에게 징역형을 선고할 수 있는 형법 개정안을 만들었다. 하지만 제아무리 감염 확산을 차단하기 위한 명분이 있다고 해도 이렇게 전 세계 정부들이 국민에 대한 감시와 통제를 강화해가는 움직임이 날로 확대되어 가는 것에 대한 우려와 경계의 목소리가 높아지고 있다.

미셸 푸코(Michel Foucault, 1926-1984)의 《감시와 처벌》에는 '판옵티콘 감시체제(Le Panoptisme)'가 등장한다. 과거의 권력은 잔인한 공개 처형을 통해 자신의 힘을 과시함으로써 대중을 통제하려 했지만, 현대의 권력은 눈에 띄지 않을 정도로 섬세하게 개개인의 행동을 통제하고 규제한다는 것이다. 그러면서 자신도 모르는 사이에 권력에 복종하도록 길들여지고, 권력은 저항을 불러일으키지 않을 정도로 개인을 서서히 통제해간다고 한다. 특히 권력의 통제에 대해 영국의 철학자 벤담(Jeremy Bentham, 1748-1832)이 고안한 감옥 설계 방식인 판옵티콘(panopticon)[2] 감시체제를 비유로 들면서 설명하고 있다.

---

2. 판옵티콘(panopticon)은 소수의 감시자가 자신은 노출시키지 않은 채 모든 수용자를 감시할 수 있는 형태의 감옥 구조로, 그리스어로 '모두'를 뜻하는 'pan'과 '본다'를 뜻하는 'opticon'을 합성한 것이다. 이러한 개념은 절대권력을 가진 '빅브라더(big brother)'가 첨단 감시장치와 권력을 동원해 사람들의 사생활을 철저히 감시하는 정부를 묘사할 때 주로 사용된다.

판옵티콘의 구조
절대권력을 가진 빅브라더가 첨단장치와 권력을 동원해 일반인들을 감시할 수 있는 현대의 사회시스템이 마치 판옵티콘을 떠올리게 한다.

점점 더 발달하고 있는 첨단 정보통신 기술은 정부의 판옵티콘 감시체제에 단비 같은 선물이 되어주었다. 아울러 코로나19 방역을 위한 정부의 공권력 행사는 자연스럽게 판옵티콘 감시체제를 더욱 공고히하는 계기로 작용하였다.

현재 많은 사회학자들이 조지 오웰(George Orwell, 1903-1950)의 소설 《1984》 속에서 정보독점으로 사회를 통제하는 권력을 일컫는 '빅브라더(Big brother)'가 코로나19 방역을 위한 공중보건이라는 명분을 앞세워 급부상하고 있다고 주장하고 있다.

베스트셀러 《사피엔스》의 저자 유발 하라리(Yuval Noah Harari, 1976~현재)는 〈감시 사회〉 이론을 인용하며, "정부는 환자 동선을 체크한다며 스마트폰과 카드 사용 내역을 확인하고 동선을 일반에 공개했다. 아무리 위급한 상황이라고는 하지만 이건 사실 엄청난 사생활 침해다. 그런데 모든 국민이 별다른 저항 없이 그런 조치를 수용하고 있다. 정부의 입장에서 보면 이렇게 기가 막힌 걸 맛봤는데 그냥 내려놓기는 정말 싫을 것"이라고 말하기도 했다. 그리고 각국의 감시와 통제 정책에 대해서는 "모든 사람을 24시간 내내 감시하는 사회가 되어 가고 있다"고 지적하였다.

롯데그룹도 지난 5월 발간한 경영 지침서인 《코로나19 전과 후 (BC and AC)》에서 '큰 정부'의 시대를 언급하였다. 이 보고서에는 더 큰 정부로의 전환은 이미 결정된 사실이라고 단언하면서, 국가의 위기극복 단계에서 정부는 매사에 개입하는 '전능한 존재'로 바뀔 가능성이 높다고 설명하였다. 따라서 앞으로 개인의 가치는 공공의 안전을 우선시하는 분위기 속에서 한층 더 위축될 것이라고 전망하였다.

국제비영리법률센터(ICNL: International Center of Nonprofit Legal)에서도 코로나19 발생 후 각국 정부의 법률적 조치가 개인의 자유와 인권에 어떠한 영향을 미치는지를 조사하였다. 그 결과 6월 기준 비상사태를 선포한 국가는 86개국이며, 국민에 대한 감시가 개인정보보호에 영향을 미치는 국가는 29개국, 집회 등을 규제하는 국가는 112개국에 이른다고 발표하였다. 이에 대해 《뉴욕타임즈 (New York Times)》는 "각국 정부의 감시와 통제가 새로운 표준으로 자리 잡으면서 권위주의적 통치자들의 운신의 폭이 넓어지고 있다"고 보도하기도 하였다.

이제 우리는 포스트 코로나 시대에 공공의 안전과 개인의 권리가 어떻게 조화를 이루어야 할지에 대해 새로운 시각에서 패러다임을 재설정해야 할 필요가 있다. 우리가 정말 우려해야 할 점은 어쩌면 현재의 코로나19 상황이 지나간 후에도 정부는 '빅브라더'로서의 감시와 통제를 당연한 것으로 여기고, 우리 또한 그러한 분위기에 알게 모르게 길들여지는 것이다. 즉 '판옵티콘'에 스스로를 가둔 채 빠져나올 생각조차 하지 못하는 상황이 발생할 수도 있다는 점이다. 이를 막을 수 있는 건 오직 우리 스스로의 자각과 실천의지를 행동으로 발현할 수 있는 깨어 있는 시민의식의 성장뿐이다. 그러한 성장을 이끌어내는 것이야말로 우리 교육이 책임져야 할 부분이다.

학령인구가
급감하고 있다

'코로나19 팬데믹'이 아니었다면 아마도 우리나라의 최대 이슈는 단연 '인구 충격' 문제가 아니었을까? 단적인 예로 2020년 8월 통계청 발표 결과를 살펴보면 우리나라의 출산율이 역대 최저인 0.84명을 기록했다. 1975년의 출생아 수가 87만 명이었던 것이 2020년에는 고작 14만 3,000명으로 45년 만에 약 84%가 줄어든 것이다.

우리가 주목할 문제는 1975년부터 40년에 걸쳐 약 50%가 줄어든 반면, 최근 2015년부터 5년간 약 34%가 급감하는 현상을 보였다는 데 있다. 이는 우리 사회가 받게 될 인구 충격을 준비해야 하는 골든타임(Golden Time)[3]이 거의 끝나가고 있음을 보여준다. 당장 10

년 이내에 학령인구 감소로 인해 전국 초·중·고 1만 2,000여 개 학교 중 약 절반이 넘는 6,600여 개 학교가 통합, 통폐합, 폐교될 것이다. 더구나 올해는 코로나19로 인한 경제상황 악화 등의 이유로 인해 내년도 출생아 수가 더욱 감소할 것으로 예상되고 있다. 급격한 저출산에 따른 인구구조로의 변화는 잠재성장률의 하락, 이전 세대 부양 부담의 증가 등 경제는 물론 사회 전반에 걸쳐 심각한 영향을 미치게 될 것이다.

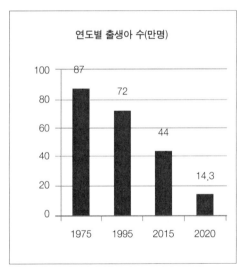

연도별 출생아 수(만명)

우리나라의 인구감소 현황
지난 40년간 50% 정도의 감소폭이 있었던 것에 비해 최근 5년간의 감소폭이 두드러진다.

---

3. 골든타임(Golden Time)은 환자의 생사를 결정지을 수 있는 사고 발생 후 수술과 같은 치료가 이루어져야하는 최소한의 시간. 영어로는 'golden hour'라고 표현한다.

한편 인구 고령화 현상도 뚜렷하다. 2005년 기준으로 우리나라의 65세 이상 고령인구는 432만 명(9%)이었으나, 2015년에는 654만 명(12.5%)으로 증가하였다. 향후 2035년에는 1,518만 명(28.7%)까지 증가할 것으로 예상되고 있다. 유엔은 65세 이상 인구가 전체 인구에서 차지하는 비율이 7% 이상이면 고령화사회, 14% 이상이면 고령사회, 20%를 넘으면 초고령사회로 구분하고 있다.

그런데 우리나라는 이미 2000년에 고령화사회로 진입하였고, 2017년에는 고령사회로 들어섰다. 통계청 발표에 따르면 2025년에는 초고령사회에 들어설 것으로 예측하고 있다.

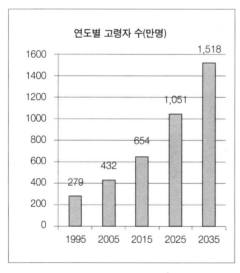

우리나라의 고령자 수 증가 현황
2025년 초고령사회로의 진입이 예상되는 우리나라는 생산과 소비인구 감소로 인한 경제성장 하락은 물론 노인 부양 부담 또한 가중되고 있다.

고령화로 인해 우려되는 점은 생산과 소비 인구의 감소로 인한 경제성장의 하락과 함께 생산가능인구가 부양해야 할 노인 부양 부담이 기하급수적으로 늘어난다는 점이다. 이와 같은 저출산, 고령화로 인한 인구 충격 문제를 해결하기 위해서는 두 가지 접근 방향이 있다. 첫째는 총인구수를 늘리는 방법이고, 둘째는 생산가능인구수를 늘리는 방법이다.

첫째, **총인구수**를 늘리는 방법은 두 가지다. 국내 출산을 늘리거나 나라 밖에서라도 인구를 끌어오는, 즉 이민자를 늘리는 것이다. 우선, 출산을 늘리기 위해서는 저출산 정책 중 출산보조금과 아동양육수당 등과 같은 현금 보조 방식의 비율을 확대하는 것뿐만 아니라 현금 지원 금액을 대폭 상향할 필요가 있다. 물론 지금도 관련된 정책이 이루어지고 있는 것은 사실이지만, 실질적으로 출산을 유인할 수 있을 만큼, 그리고 출산 이후 양육에 대한 경제적 부담을 느끼지 못할 만큼 충분한 금액이 지원되어야 한다. 한국경제연구원의 자료에 따르면 우리나라 저출산 정책 예산에서 현금 보조가 차지하는 비율이 2015년 기준 14.3%로 OECD 32개국 중 최하위권인 31위라고 한다. 한국이 세계에서 가장 낮은 출산율을 기록하고 있다는 점에서 OECD 국가 중 가장 높은 수준의 현금 보조 정책이 시행되어도 이상하지 않을 상황이다. 다음으로, 이민자를 늘리기 위해서는 이민 정책의 문턱을 낮출 필요가 있다. 어떤 종류의 인력을 얼마만큼 받을 것인가에 대한 분석을 기반으로 다양한 인센티브 제공과 전략적 접근을 시도해야 한다. 예컨대 이민 희망자에게는 나중에 고국으로 돌아갈 수 있는 선택조건을 두어 일정 기간 교육을 포함한 장기 체류 비자나 2중 국적을 제공하는 것이다. 또한 이민자 수출 국가에게는 자원 재분배와 기술 전수 등을 통해 수출 국가 자체적으로 전문인력이 양성되어 활용될 수 있도록 허용해주고, 만약 그러한 인력이 우리나라에 이민을 올 경우에는 절차의 간소화를 통해 숙련된 인력이 현장에 신속하게 투입되어 업무를 수행할 수 있도록 해야 할 것이다.

둘째, **생산가능인구수**를 늘리는 방법도 두 가지다. 은퇴 연령인 60세 이상의 고령층을 생산 가능 노동인구로 바꾸고, 여성의 경제활동 참여를 더욱 늘리는 것이다. 우선, 현행 65세가 과연 고령의 기준으로 적절한지 검토가 필요하다. 평균수명이 짧았던 시절의 기준이 현재에도 동일하게 적용하는 것이 바람직한지 판단해야 할 시점이다. 지금의 60대는 과거와 비교할 수 없을 정도로 정신적으로나 신체적으로 건강하다. 또한 미래의 고령자는 건강할 뿐만 아니라 상당수가 대졸 이상의 고학력자들로 구성될 것이기에 언제든지 경제활동 인구로의 전환이 가능하다. 우리가 준비해야 할 것은 고령자들이 빠르게 변화하는 환경에 적응하고, 새로운 기술을 습득할 수 있도록 체계적으로 지원하는 것이다. 즉 관련된 교육과 훈련의 기회를 언제나 손쉽게 접근하고 이용할 수 있도록 제공해주어야 한다. 이는 젊은 세대의 경제적 부담을 줄여줄 뿐만 아니라, 노인들에게도 한층 더 활력 있는 삶을 부여하며 삶의 질을 높여줄 것이다. 다음으로, 여성의 경제활동 참여를 늘리기 위해서는 뭐니 뭐니 해도 기혼여성 누구나 걱정 없이 아이를 낳고 직장에 다닐 수 있도록 해주는 강력한 출산 지원 정책, 육아 시간 보장, 돌봄 서비스의 접근 편리성과 안정적인 제도 정착과 운영이 선행되어야 한다. 그리고 원격 근무, 시간제 근무, 직무 순환, 재택 근무 등과 같은 유연한 근무제도를 적극 활용함으로써도 여성의 경제활동 참여율을 높일 수 있다. 그 외에도 남성이 육아 시간과 육아 휴직을 언제든지 자유롭게 사용할 수 있는 개방된 사회 분위기로의 전환도 시급하다.

어쩌면 이러한 이야기가 너무나 이상적이고 원론적으로 들릴지도 모른다. 하지만 이것이 더 이상 이상에 머물러서는 안 된다. 정치, 경제, 사회, 문화 등의 각계각층에서 인구문제에 대해 적극적인 관심과 개선의 움직임이 이루어져야 한다. 그뿐만 아니라 교육에서도 인구문제의 심각성에 대한 인식 강화를 위한 교육과정에의 반영 등 접근 노력이 절실한 시점이다. 지금 이 순간에도 인구 충격에 대비해야 하는 골든타임(Golden Time)은 계속 흘러가고 있다.

다시 굶주림의 시대가
오고 있다

앞서 우리나라의 인구절벽과 생산인구의
감소에 관해 이야기했지만, 전 세계적으로 볼 때 평균수명의 연장
과 함께 인구는 점점 증가하는 추세이다. 2000년에 전 세계 인구는
60억 명을 넘어섰고, 2020년 기준으로 78억 명으로 집계된다. 그리
고 2030년에는 83억 명, 2050년에는 100억 명에 다다를 것으로 각
각 전망하고 있다. 지금 이 순간에도 5분 간격으로 1,000명씩 세계
인구가 증가하고 있다.

　인구 증가와 함께 대두되는 문제가 바로 물과 식량 부족의 문제
이다. 사실 도시생활을 하는 현대인들에게 물과 식량 부족 문제는
아직은 현실감이 전혀 없게 느껴질지도 모른다. 하루에도 엄청난

W / Population / World Population

Current World Population
7,809,629,000
view all people on 1 page >

TODAY	THIS YEAR
Births today	Births this year
87,753	95,269,518
Deaths today	Deaths this year
36,841	39,996,426

2020년 9월 5일 05시 30분

W / Population / World Population

Current World Population
7,809,629,999
view all people on 1 page >

TODAY	THIS YEAR
Births today	Births this year
89,475	95,271,240
Deaths today	Deaths this year
37,564	39,997,149

2020년 9월 5일 05시 35분

2020년 기준 5분 단위 인구증가 현황
불과 5분 사이에 세계 인구는 1,000명씩 증가하고 있다. 농업인구는 지속적으로 감소하고 도시인구는 크게 증가하면서 새삼 식량과 물 부족이 전 지구적인 문제로 떠오르고 있다.

물량으로 쏟아지는 음식물 쓰레기가 사회문제가 되고 있는 현실을 마주하고 있기 때문이다. 하지만 실제로 식량과 물 부족 문제는 머지않아 우리 인류에게 매우 큰 위협으로 다가올 것이다. 좀 더 심각한 것은 전 세계 인구 증가로 인한 식량과 물 부족 문제를 해결하기가 결코 쉽지 않을 것이란 점이다. 이러한 식량과 물 부족 문제 해결의 발목을 잡는 몇 가지 요인들은 다음과 같다.

첫째, **도시화 문제**. 2030년까지 전 세계 도시 지역의 규모는 세 배로 늘어나고, 2050년까지 도시로 몰리는 인구는 두 배로 늘어날 것으로 전망된다. 특히 도시 인구 증가의 60% 이상이 주요 농업 생산국들이었던 아시아 지역 국가들을 중심으로 이뤄지면서 농업과 식량 생산 문제해결을 더더욱 어렵게 만들 것으로 보고 있다. 예컨대 중국의 경우 2025년까지 인구 100만이 넘는 대도시가 220개 이상이 되고, 1,000만 명이 넘는 메기시티는 8개에 이를 것으로 예상된다. 이러한 도시의 확장은 도시 근교의 농업 지역을 사라지게 하며 식량 생산 문제를 더욱 키우고 있다.

둘째, **수자원 확보 문제**. 지구 표면의 70%는 물이지만, 그중 불과 3%만이 마실 수 있는 담수이다. 대부분의 담수는 빙하나 극지방의 얼음으로 존재한다. 그나마 육지의 담수도 지하수면의 하락, 대수층 감소, 물 오염 등으로 세계 인구의 약 10억 명이 담수 부족에 시달리고 있다. 인류에 공급되는 물의 70%는 농업용으로, 20%는 산업용으로 10%는 가정용으로 사용하고 있지만, 선진국의 경우에는 50~80%의 물을 자국의 경제적 발전과 위상 유지를 위한 산업용으로 사용하고 있다. 선진국이 지구의 수자원 부족 문제의 책임감을 가지고 해결을 위한 노력에 한층 더 적극적으로 나서야 하는 이유가 여기에 있다.

셋째, **기후변화 문제**. 지구의 기온 상승은 토양을 황폐화시키고 사막화를 급속도로 진행시켜 농작물을 재배할 수 있는 지역을 점점 줄어들게 만든다. 이는 자연히 식량 감소와 영양실조로 이어지며 가난한 국가에 직접적인 인명피해를 주고 있다. 또한 메뚜기 등의 곤충은 더욱 번성하여 식량 생산 감소 상황에 곤충으로 인한 농작물 피해까지 추가되면서 식량 문제를 더욱 가중시키고 있다. 유엔 산하 기후변화에 관한 정부간협의체(IPCC: Intergovernmental

Panel on Climate Change)에서는, 지구온난화로 인해 2050년이 되면 아프리카 인구의 40%에 해당하는 약 8억 명의 인구가 식수를 구하는 데 어려움을 겪을 것이고, 아시아에서도 약 1억 3,200만 명이 기아의 위험에 처하게 될 것으로 전망하고 있으니 결코 간과할 수 없는 심각한 문제이다.

넷째, **코로나19 문제**. 2020년 3월 주요 식량생산 국가들의 식량 수출중단 선언이 줄을 이었다. 쌀 수출을 중단한 베트남과 밀수출을 제한한 러시아를 비롯해 태국, 미얀마, 캄보디아 등의 국가들에서 농산물에 대한 수출제한 정책을 확대한 것이다. 만약 코로나19 상황이 장기화될 경우 농산물의 글로벌 공급망 붕괴로 이어질 수 있다는 우려에서 자국민의 안정적인 식량 확보를 국가 우선 과제로 설정한 것으로 보인다. 심지어 코로나19에 따른 무역 봉쇄조치로 식량이 농장에서 가공공장과 항구로 제때 옮겨지지 못하여 들판에서 그대로 썩어 나가는 공급망 와해 현상도 나타나고 있다. 코로나19로 인해 식량이 넘쳐나는 데도 이것이 식탁까지 제대로 전달되지 못하는 위기 상황까지 추가된 것이다.

식량 및 물 부족 문제는 이와 같이 여러 가지 문제 상황들이 복잡하게 얽히고설켜 있는 것을 알 수 있다. 그렇다고 이러한 식량과 물 부족 문제에 인류가 속수무책인 것은 아니다. 현재의 상황을 받아들이는 한편 그 가운데에서도 적절한 해결 방안을 모색 중이다. 전문가들이 이야기하는 몇 가지 해결 방안은 다음과 같다.

첫째, 도시화에 대한 해결 방안은 4차 산업혁명 시대의 발전된 **첨단 과학 기술을 농업에 적용**하는 방안이다. 정밀 농업과 수경 재배, 고층 건물 내 수직 농법, 다수확 재배가 가능하고 기근에 강한 곡물에 대한 유전공학 연구가 필요하다. 또한 농산물의 품질을 높이면서 산출물 단위당 들어가는 자원은 줄일 수 있도록 해주는 안전한 나노 기술 분야에 대한 연구개발도 가속화해야 한다.

둘째, 수자원 확보를 위해서는 기존의 누수 파이프 보수 등 **관개 시설의 개선과 함께 새로운 방식으로의 접근** 노력도 이루어져야 한다. 예컨대 폐수의 현장 처리를 통한 화장실 용수나 정원 용수로의 사용이라든지, 고층건물 내 수직농법, 인공강우, 해안선에서 이뤄지는 염수농업 및 염생식물에 대한 연구개발 등을 늘릴 필요가 있다. 특히 염수농업은 담수농업에서 발생하는 물 고갈 문제를 크게 줄일 수 있을 것으로 기대된다.

셋째, 기후변화 문제는 근본적으로 온실가스를 줄이는 것뿐만 아니라 **환경친화적 식량 확보**를 위해 동물 사육이 필요 없는 순수한 배양육 생산, 동물 사료와 인류의 식량을 위한 곤충의 식용화도 확대할 필요가 있다. 특히 지구온난화와 함께 크게 늘어난 곤충은 이미 전 세계 20억 인구가 식용하고 있는 식품으로 활용되고 있기도 하다.

넷째, 코로나19로 야기된 식량의 생산과 소비 과정에서 **낭비되는**

식량을 줄여야 한다. 선진국의 경우 식량의 약 30%가 소비 단계에서 낭비되고 있고, 개발도상국의 경우에는 적절한 기반 시설과 상업 네트워크의 부족으로 인해 생산 단계에서 약 40%가 낭비되고 있다고 한다. 따라서 선진국과 개발도상국 모두 식량의 생산과 소비 과정에서 손실되는 식량 자원을 줄이기 위해 농산물 거래에 대한 상호 이해와 협조가 필요하다. 이와 함께 안정적인 농산물 거래를 위한 기반 시설과 네트워크의 정비 및 효율화를 위한 노력이 이루어져야 한다.

특히 선진국들은 과거부터 현재까지 식량 자원과 물 자원에 대한 특별한 혜택을 오랜 시간 누려왔을 뿐만 아니라, 심지어 미래에도 그러한 특혜를 지속적으로 더 누리게 될 가능성이 높다. 그렇기 때문에 더더욱 주변 국가들에 대한 미안한 마음과 책임의식, 인류 공영과 공존을 생각하는 자세로 저개발국가들이나 개발도상국가들에 대해 성의 있고 진심 어린 지원과 협력 방안을 찾아 실천해 나가는 데 앞장서야 하지 않을까? 이를 위해 그러한 실천의지를 함양하기 위한 교육이 전 세계 모든 학교의 글로벌 교육에서 반드시 다뤄져야 할 것이다.

연대와 공조,
새로운 경제 담론이 부상하다

　　　19세기 말 산업혁명을 거치면서 대량생산이 가능해졌고, 이는 폭발적인 경제성장으로 이어졌다. 이와 함께 이윤을 얻기 위해 상품을 생산하고, 또 이를 소비하는 경제체제인 자본주의가 세계 대부분의 국가를 장악하면서 대다수 나라의 국민들이 자본주의 체제하에서 경제생활을 영위하게 되었다. 하지만 자본주의 체제는 수차례 위기를 맞이했고, 20세기 이후 현재까지도 자본주의에 대한 논쟁은 끊이지 않고 있다. 이에 새로운 경제체제로의 모색이 이루어지기도 했지만, 현재의 자본주의는 과거 그 어느 때보다 거대해진 상태로, 이제 생산을 넘어 자본이 자본을 낳는 형태로까지 진화하여 섣불리 대안을 제시하는 것마저 쉽지 않아졌다.

역사적으로 시장에 모든 것을 맡기고 국가의 간섭을 최소화해야 한다는 자유방임적 자본주의가 대세였으나, 소수가 부를 독점하는 것이 아니라 모두 함께 잘 살기 위해서는 어느 정도 국가가 개입할 필요가 있다고 하는 주장도 설득력을 얻고 있다. 이에 20세기 초부터 2020년 코로나19까지 자본주의 체제를 크게 뒤흔들었던 위기의 사건 몇 가지를 소개하려고 한다.

20세기 초기자본주의의 실패와 신자유주의로의 전환

자본주의가 생겨난 후, 그래도 20세기까지는 자본주의의 중심에 '생산'이 있었다. 과열된 생산경쟁에 의한 제품 가격의 하락이 임금 하락으로, 이것이 다시 소비 저하로 연쇄적으로 이어지면서 큰 경제위기로 이어지기도 했다. 또 때로는 오일쇼크로 인한 경기침체와 장기불황이 이어지기도 했다.

1929년 세계 경제대공항

초기자본주의(early capitalism)의 실패는 자연스럽게 수정자본주의로(revised capitalism)의 전환을 불러왔다. 초기자본주의는 제2차 산업혁명의 결과로 촉발된 대량생산과 시너지를 일으키며 과열 경쟁을 불러왔다. 바로 이러한 과열 경쟁에 의한 가격인하 경쟁이 임금 인하로 이어졌고, 임금 인하는 다시금 가정의 소비 위축을 불러오면서 시장의 공급량은 남아돌게 되는 상황이 마침내 세계 경제대공황을 발생시키게 된 것이다. 이를 해결하기 위해 미국은 정부 주도의 뉴딜정책 추진과 함께 수정자본주의로 전환하였고, 러시아는 자본주의를 폐기하며 공산주의를 선택하였으며, 독일은 전쟁을 준비해서 제2차 세계대전을 일으키게 되었다.

1970년대 중동 석유파동

수정자본주의에 대한 불만은 신자유주의(neoliberalism)로의 전환을 가져왔다. 제2차 세계대전을 거치면서 경제체제는 자본주의와 공산주의로 양분되었다. 공산주의는 노동자의 권리를 최고 가치로 삼았고, 자본가를 인정하지 않는 정치를 추구했다. 이 때문에 미국의 노동자들은 공산주의를 매력적으로 느꼈을 것이고, 이와 반대로 자본가들은 공산주의로 인해 자신의 생명과 재산이 위협을 받을 수 있다는 위기감을 느꼈을 것이다. 이러한 상황에서 중동지역의 석유파동이 일어났고 경기침체와 장기불황에 최저임금 보장을 요구하는 노동자들의 단합으로 물가마저 오르는 상황이 발생하였다. 결국 정부의 과도한 시장 개입이 경직된 노동시장을 형성했고 불황과 침체를 불러왔다는 불만이 시장 중심의 초기자본주의로의 회귀를 주장하는 신자유주의를 불러왔다.

세계화의 물결과 거대 자본이 지배하는 21세기의 자본주의

21세기로 넘어오면서 전체적으로 볼 때 경제는 그야말로 눈부신 성장을 거두었다. 하지만 빛과 그림자는 늘 공존하는 것처럼 신자유주의 물결 속 엄청난 경제성장 이면에는 빈부격차와 노동자의 희생이라는 어두운 그림자도 함께 존재한다. 1% 남짓한 소수가 부를 독점한 상황에서 다수가 분노하며 **공정**을 회복하기 위해 국가가 무엇을 해야 하는지에 관한 논쟁이 뜨겁다.

2008년 금융위기

신자유주의의 위기 극복을 위해 다시 정부의 시장 개입 요구가 높아졌다. 신자유주의 경제체제로 인해 정부의 시장 간섭이 줄어들며 세금과 규제가 약화된 틈을 타 거대 자본과 기업이 국내외 경제 전반을 주무르며 산업의 독점적 위치를 갖게 되었다. 그 결과 전반적으로 경제는 성장하였지만, 시장의 독점과 빈부의 격차는 훨씬 심각해진 것이다. 거대 자본과 기업은 항상 이익을 얻는 반면에 노동자는 항상 희생되는 모습이 계속 반복되었다. 세계화로 인해 경기가 좋고 자산가치가 올라가는 기대감에 노동자들은 주택을 담보로 대출을 받지만, 경기가 침체되면서 원금과 이자를 갚지 못해 파산하는 상황이 발생하였다. 하지만 노동자들이 결국 소비 주체라는 점에서 경제 전반에 위기가 찾아오게 되었고, 그로 인해 다시 정부의 시장 개입과 거대 자본과 기업에 대한 지속적인 감시와 규제가 필요하다는 목소리가 높아진 것이다.

2020년 코로나19

신자유주의를 기반으로 한 세계화로 야기된 빈부격차와 날이 갈수록 심화되는 양극화 현상 그리고 코로나19로 인한 삶의 가치 변화가 경제 시스템 전반에 대한 일련의 움직임을 일으키고 있다. 코로나19가 아니었어도 2008년 금융위기 이후 시장에 대한 우려는 지속되어 왔다. 그 와중에 코로나19가 시장에 유동성을 더욱 확대시키며 시장의 불안을 가중시키고 있다. 세계 각국 정부와 중앙은행이 코로나19에 대응하기 위해 천문학적인 유동성 확대에 나섰기 때문이다. 미국, 유로존, 일본, 중국 등 주요국 중앙은행이 2020년 들어 코로나19에 대응하기 위해 공급한 유동성 규모는 6조 달러(약 7,200조 원)에 이를 것으로 추산된다.

문제는 넘쳐나는 돈이 증시나 부동산 등 자산시장으로만 쏠리면서 거품을 만들고 있다는 점이다. 미국 증시는 올 2분기 다우존스 지수가 17.8% 상승하며 1987년 1분기 이래 가장 큰 폭으로 올랐다. S&P지수도 20%나 상승하며 1998년 이래 최대 상승 폭을 기록했다. 나스닥지수도 30.6% 급등하며 사상 최고치를 경신하였다. 각국 부동산 시장도 상승세가 가파르다. 한국의 서울지역 아파트 가격은 지난 3년 동안 51% 올랐고, 도쿄의 주택가격지수도 6년 연속 상승했다. 중국 베이징, 상하이 등 27개 대도시 아파트 거래 건수도 같은 해 3월 대비 4월 거래량이 3배 이상 증가했다.

이로 인해 시장에서는 유동성 폭탄을 우려하는 목소리가 점점 더 높아지고 있다. 각국의 유동성을 회수하는 것 자체가 쉽지 않은 일이기 때문이다. 자산시장에 버블이 잔뜩 낀 상황에서 유동성 확대가 중단되고 자산가격이 떨어지게 되면 자칫 코로나발 금융위기가 발생할 수 있다는 것이다. 게다가 2008년 금융위기 이후 긴 시간에 걸쳐 금리를 조금씩 올리고 보유 자산을 축소해가려고 했던 각국의 통화금융 정책이 코로나19로 인해 한층 어려워진 것이 금융위기에 대한 우려를 더욱 높이고 있다.

연대와 공조의
새로운 경제 담론으로

현대 자본주의는 진화를 거듭하는 동안 마치 변종처럼 변모했다. 게다가 범접할 수 없을 만큼 거대해진 상태이다. 이러한 상황에서 맞이한 지금의 경제위기는 단순히 정부가 섣불리 시장에 개입한다고 해서 해결될 수 있는 성격이 아니다. 사실 세계 각국 정부와 자본, 기업이 함께 힘을 합쳐 문제를 풀어간다 해도 결코 해결하기에

쉽지 않은 상황이다.

　더 늦기 전에 기존의 자본주의 이론으로는 문제해결에 접근하는데 한계가 있다는 것을 인식하고 전 세계가 함께 논의해야 한다. 세계화로 인한 국가 간 긴밀한 연결성으로 인해 누구도 이번 코로나 위기에서 자유로울 수 없었다. 또한 코로나19로 인한 물리적 거리 유지는 사회 모습에 급격한 변화를 가져왔고, 여기에 더해 기후변화로 인한 생태적 위기감은 인류의 목을 조이는 시한폭탄으로 작용하고 있다. 코로나19 팬데믹을 계기로 이제는 새로운 경제 담론이 논의되어야 한다. 경제적 위기 극복 차원이 아닌 인류의 위기 극복을 위한 **연대(solidarity)**와 **공조(mutual assistance)**의 경제 담론이 필요한 것이다.

이러한 인류의 위기 극복을 위한 연대와 공조는 교육 분야에서도 절실히 요구되는 상황이다. 이제 교육은 국가적이나 대륙별로 다룰 수 있는 범위를 넘어섰기 때문이다. 이는 지금까지 앞에서 다루었던 인류가 맞닥뜨린 위기 요인으로써의 기후 문제, 코로나19, AI 시대, 인권 문제, 인구와 식량 문제 등을 통해서도 확인할 수 있는 부분이었다. 이러한 위기 요인들을 통해 이제 우리는 교육이 전 세계적인 연대와 공조 속에서 글로벌 교육으로 계획되어야 하며, 이를 전 세계의 모든 국가들이 함께 실현해 나가야 할 필요성이 있다는 것에 대해서도 인식을 함께할 수 있었다.

이제는 학교가 미래교육을 이끌어갈 주체가 될 것인지, 아니면 시대의 흐름에 휩쓸려 사라지게 될 존재가 될 것인지에 대한 심도 있는 논의가 이루어져야 할 때이다. 따라서 이어지는 Part 2.에서는 현재의 학교가 미래학교로 진화하기 위해 어떠한 선택과 결정을 해야 할 것인지에 대해 대립되는 가치들이나 상호 보완적인 개념들을 통해 다루어볼 것이다.

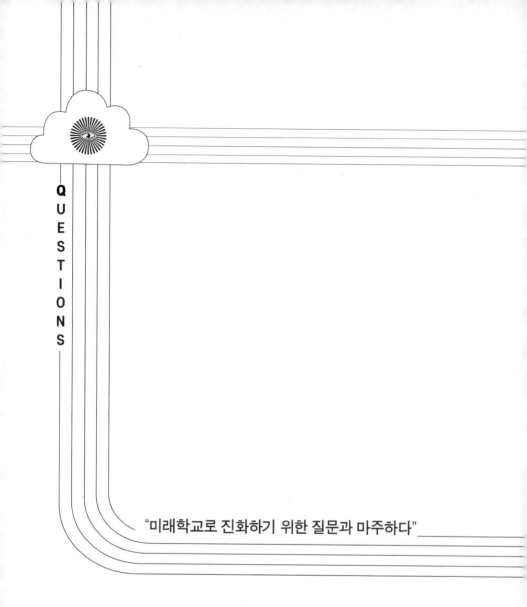

"미래학교로 진화하기 위한 질문과 마주하다"

코로나19 팬데믹의 장기화와 함께 온라인 수업은 대면 수업과 함께 학교교육의 주요한 방법으로 자리를 잡아가고 있다. 코로나19가 변화의 포문을 여는 데 큰 역할을 한 것은 사실이지만, 기본적으로 변화무쌍하고 예측하기 어려운 뉴노멀 시대에 또 어떤 변화의 계기가 찾아올지는 미지수이다. 이에 앞으로 우리는 더 많은 선택의 기로에 서게 될 것이며, 어떤 선택을 하느냐가 결국 우리의 미래를 좌우하게 될 것이다. 무엇보다 선택의 과정에서 현명한 해결 방안을 찾아야 한다. 특히 이러한 변화의 물결 속에서 학교가 마주하게 될 질문들은 결국 학교교육의 존폐와 밀접한 만큼 Part 2.에서는 미래 사회의 변화와 맞물린 핵심 키워드들에 대해 결국 학교가 어떤 선택을 해야 하는지에 관해 이야기하려고 한다.

02

선택의 기로와
진화

바이러스와 인공지능을 보는
서로 다른 입장에 관하여

이런 엉뚱한 상상을 한번 해보았다. 만약 '백의의 천사' 나이팅게일(Florence Nightingale, 1820-1910, 영국)이

현대에 살아 있다면 코로나바이러스 감염증-19(COVID-19)에 과연 어떻게 대처했을까?'

나이팅게일
크림전쟁에서 활약한 간호사, 병원·의료제도의 개혁자이다. 크림전쟁 중 이스탄불에서 야전병원장으로서 활약하며 전장의 위생상태 등을 개혁하는 데 앞장섰다.

2020년은 나이팅게일 탄생 200주년이 되는 해로, 그가 탄생한 5월 12일은 '세계 간호사의 날'로 지정되어 매년 전 세계에서 그의 숭고한 정신을 기리고 있다.

바이러스와 싸울 것인가, 공존할 것인가?

1853년에서 1856년까지 러시아와 오스만투르크·영국·프랑스가 크림반도와 흑해를 둘러싸고 크림전쟁(Crimean War)을 벌였다. 이때 영국은 전투 중 5,000명의 군인을 잃었던 반면에, 감염병으로는 그의 3배에 이르는 무려 1만 5,000명의 군인을 잃고 말았다. 나이팅게일은 야전병원에서 부상병들을 돌보며 전장의 비위생적인 실태에 충격을 받고, 이를 세상에 알리며 개선해야 함을 주장했다. 어떻게 보면 오늘날 코로나19 실태를 보건당국이 일일 브리핑을 하며 역학조사 결과와 신규 확진자 수를 발표하고 마스크 착용 및 사회적 거리두기를 강조하는 역할의 시초로 볼 수 있다.

나이팅게일은 지속적인 연구를 통해 전시가 아닌 평시에도 군인들의 사망률이 일반 남성의 사망률보다 높다는 것을 발견하였다. 이러한 사실을 바탕으로 나이팅게일은 사망률을 낮추기 위해 위생관리의 중요성을 강조하며 군 관계자와 정부로부터 군 시설에 대한 위생 개선을 이끌어냈다. 이후 군과 보건당국은 위생관리를 철저히 하기 시작했고, 그 결과 군인들의 연간 사망률은 42%에서 2%로 크게 줄어들 수 있었다.

나이팅게일의 이러한 노력이 영국 군인들의 사망률을 크게 줄였듯이, 우리 의료진들이 코로나19와 벌이는 사투가 감염률 감소와 백신 개발로 이어지길 간절히 바라는 마음으로 우리는 오늘도 마스크와 방호복으로 무장한 채 일선에서 코로나19와 치열하게 싸우고 있을 이 시대의 수많은 나이팅게일들에게 너도나도 응원의 손짓을 보낸다. 하지만 그것만으로는 부족하다. 비단 코로나19 팬데믹을 극복하기 위한 응원의 손짓뿐만 아니라 이와 함께 실천하는 행동도 반드시 보여야 한다는 뜻이다. 대표적으로 코로나19 감염 확산을 최소화하기 위해 마스크 착용과 사회적 거리두기를 지속적으로 실천해야 한다. 포스트 코로나 시대에도 새로운 바이러스(Virus)의 빈번한 등장이 전망된다는 점에서 마스크 착용과 사회적 거리두기는 우리의 당연한 일상 문화로 이어질 것이다.

이제 바이러스는 싸워서 극복해야 할 대상이 아니라 위생적인 생활습관을 통해 생활 속 거리를 유지하며 인간과 공존해야 할 대상으로 받아들이는 것이 더 현명한 선택이 될 수 있다. 코로나19 시대의 삶의 가치가 과거에 우리가 주목해왔던 성장과 성공보다는 **안전과 건강, 복지** 쪽에 사람들이 점점 더 주목하고 있다는 점에서 미래 학교교육의 방향과 내용의 변화가 필요하다.

인간의 능력을 뛰어넘은
인공지능과의 공존에 관하여

바둑 대국에서 전 세계랭킹 1위 이세돌 9단을 4대 1로 이긴 알파고(Alpha-Go) 그리고 베테랑 조종사를 5대 0으로 누른 AI 무인전투기. 우리는 앞으로 AI와 어떠한 관계를 형성해야 할 것인가?

2020년 8월, '알파 도그파이트 트라이얼(Alpha Dogfight Trial)'이라는 대회에서 AI와 미 공군 교관 조종사가 맞붙었다. 시뮬레이션으로 진행된 이 대회는 F-16 전투기를 이용해 근접 공중전에서 기관포만 사용해 승부를 가리는 규칙으로 진행되었다. 경기 결과 AI가 5:0으로 완승을 거두었다. AI가 인간 베테랑 조종사를 압도한 것이

알파 도그파이트 트라이얼
베테랑 조종사를 압도한 인공지능에 대해 전 세계 공군과 국방 관계자들은 알파고가 바둑황제를 꺾었을 때 이상으로 크나큰 충격을 받았다.

다. 이 소식은 전 세계 공군과 국방 관계자들에게 AI 알파고가 바둑 황제 이세돌을 4-1로 꺾었을 때만큼 커다란 충격을 안겨주었다.

미 해군의 XQ-58A 발키리(Valkyrie)나 러시아의 오호트니크(Okhotnik)는 모두 고도의 능력을 갖춘 AI가 조종하는 차세대 무인전투기다. 이러한 AI 무인전투기는 인간의 신체적 한계로는 절대 불가능한 공중 기동을 자유자재로 실현할 수 있다. 예컨대 인간은 중력가속도 7G에서도 기절할 가능성이 있지만, AI가 조종하는 전투기는 기체가 버틸 수 있는 한계치인 9G까지 기동이 가능하다. 게다가 AI는 정보의 수집과 처리, 반응 속도 등 거의 모든 면에서 인간의 능력을 압도한다. 이 모든 것이 결합된 무인전투기는 인간이 조종하는 유인전투기와는 비교할 수 없을 정도의 압도적인 기능과 실력을 발휘할 수 있다. 첨단 과학기술의 시대적 흐름을 타고 무섭게 발전하고 있는 이들 AI 무인무기들은 우리 인간과는 비교할 수 없는 상황 인식, 반응 속도를 가지고 전장을 지배하게 될 것이다.

이렇게 인간 능력을 훌쩍 넘어서는 인공지능이 등장했다는 소식을 접할 때마다 우리는 기쁨과 행복보다는 뭔지 모를 불안과 위협을 느끼게 된다. 사실 이는 자연스러운 현상이다. 왜냐하면 불확실성이 팽배한 미래 사회에 우리가 과연 인공지능과 함께 어떠한 모습으로 살아가게 될지를 아무도 장담할 수 없기 때문이다.

하지만 인공지능이 인간과 어떠한 관계를 형성하게 될 것인가는 온전히 우리 인간의 의지에 달려 있다. 과거 세 번의 산업혁명을 거치면서 우리는 증기기관으로 이동 수단의 혁명을, 전기와 대량 생산으로는 생활의 편리와 풍요를 이끌어냈다. 이후 컴퓨터와 인터넷을 통해 지식의 폭발적 증가와 함께 세계를 하나로 연결시킬 수 있었다. 마찬가지로 네 번째 산업혁명의 핵심기술인 인공지능 또한 우리의 삶을 우리가 상상하고 있는 것 이상으로 크게 바꾸어 놓을 것이다. 어쩌면 전혀 다른 차원의 삶을 경험하게 될지도 모른다. 아마도 일정 부분은 우리가 우려하는 대로 인공지능이 우리 삶을 통제하고 감시하는 존재로서, 또는 인류의 삶을 파괴하고 지배하려는 존재로서 작용하게 될 수도 있을 것이다. 하지만 인류는 충분히 이를 통제하여 인류가 진정으로 지향하는 바람직한 방향으로 이끌어갈 수 있을 것이다.

인간과 AI 중 누가 세상을 지배하게 될 것인가, 누가 지배당할 것인가로 보는 이분법적 구도는 더 이상 그리 생산적이지도 않고 심지어 무의미한 논쟁이 아닐까? 중요한 것은 인공지능을 통해 인류의 삶을 더욱 가치 있게 만드는 것이야말로 우리 인류에게 주어진 과제임을 인식하는 데 있다. 그리고 학교교육은 우리 미래세대가 그러한 답을 현명하게 찾아가도록 도와야 할 의무가 있다. 그것이 학교교육이 책임지고 감당해야 할 역할이다.

빅브라더,
어디까지 허용할 것인가?

국가는 개인의 자유를 어떤 경우에 어느 정도까지 정당하게 제한할 수 있는가? 이 질문에 대한 이야기를 이어가기 전에 존 스튜어트 밀(John Stuart Mill, 1806~1873)이 《공리주의론》에서 언급한 내용 한 구절을 소개하려고 한다.

> 배부른 돼지보다 배고픈 인간이 되는 것이 더 낫다. 만족한 바보보다 불만족한 소크라테스가 되는 것이 더 낫다. 만약 돼지나 바보가 다른 의견을 가진다면 이는 오로지 자기 입장에서만 문제를 바라보기 때문이다. 이에 반해 인간이나 소크라테스는 문제의 양쪽 입장을 다 이해한다.
>
> -존 스튜어트 밀

인용한 구절에서 짐작할 수 있듯이 밀은 서두의 질문에 대해 '자기 보호'라는 개념으로 간단명료하게 답한 셈이다. 즉 인간 사회에서 개인이든 집단이든 다른 사람의 행동을 침해할 수 있는 경우는 오직 한 가지, 자기 보호를 위해 필요할 때뿐이다. 만약 다른 사람에게 피해를 입히는 것을 막기 위해서라면, 국가가 그 사람의 의지에 반해서 권력을 사용하는 것이 정당하다. 이러한 단 하나의 경우 말고는 문명사회에서 구성원의 자유를 침해하는 그 어떤 권력 행사도 정당화할 수 없다고 주장하였다.

밀은 자유주의 국가론의 철학적 토대를 완성한 인물로 자유의 기본 영역을 다음과 같이 셋으로 나누었다. 첫째는 내면적 의식의 자유, 즉 **양심의 자유**이다. 자유에 대한 가장 넓은 의미에서 생각과 감정의 자유, 의견과 주장을 펼칠 절대적인 자유를 의미한다. 둘째는 자신의 기호와 희망하는 것을 추구할 자유, 즉 **행복추구의 자유**이다. 사람은 저마다 개성에 맞는 삶을 설계하고 자기 좋은 대로 살아갈 자유를 누려야 한다. 남에게 해를 끼치지 않는 한, 다른 사람들의 눈에 잘못된 것으로 보일지라도, 간섭을 받아서는 안 된다. 끝으로 셋째는 **결사의 자유**다. 다른 사람에게 해가 되지 않는 한, 그리고 강제로 또는 속아서 억지로 끌려온 경우가 아니라면, 모든 사람은 어떤 목적의 모임이든 자유롭게 결성할 수 있어야 한다. 이 세 가지 자유를 원칙적으로 존중하지 않는 사회는 결코 자유로운 사회라고 할 수 없다. 다음은 우리나라의 헌법에서 명시하고 있는 바이다.

국민의 모든 자유와 권리는 국가안전보장, 질서유지 또는 공공복리를
위하여 필요한 경우에 한하여 법률로써 제한할 수 있으며, 제한하는 경
우에도 자유와 권리의 본질적인 내용을 침해할 수 없다.

-대한민국 헌법 제37조 제2항

이 조항을 자세히 들여다보면 "제한할 수 있다"와 "침해할 수 없다"
는 서로 상충하는 내용이 공존한다. 이렇듯 국민의 모든 자유와 권
리는 필요한 경우에는 제한할 수 있으나, 본질적인 내용은 침해할
수 없다는 것을 대체 어떻게 해석해야 할까?

코로나19와 관련되어 실제 우리 사회에서 이러한 충돌이 일어
났다. 우선 조금 잠잠해지는가 싶던 코로나19 재확산의 중심에 몇
몇 교회들이 떠오르자, 이로 인해 정부는 종교시설에 대한 예배 금
지 명령을 내렸다. 또한 코로나19 대응을 위한 또 다른 사례로 정
부 의료정책에 대해 거부 의사를 밝히며 집단 휴진을 선언한 의사
협회에 대해서도 정부는 강제 진료 복귀 명령을 내렸다. 감염병 확
산 방지를 위한 공공복리를 위해 '종교활동 모임(결사의 자유)'을 제
한할 수 있으나 '예배 중심의 신앙심(양심의 자유, 행복추구의 자유)'
은 침해할 수 없다는 것을 어떻게 해석해야 할까? 그리고 국민건강
을 위한 의료 질서유지를 위해 의사들의 '파업활동(결사의 자유)'을
제한할 수 있으나 자유로운 '개인의 경제활동 의지(양심의 자유, 행
복추구의 자유)'는 침해할 수 없다는 것은 또 어떻게 해석해야 할까?

정부 vs 교회 = "대면 예배 금지" vs "예배 중심의 신앙의지"

정부 vs 의사 = "업무 개시 명령" vs "개인 영역의 경제의지"

군이 위에서 언급한 사례가 아니라도 개인의 자유와 권리가 사회의 이익과 대립하는 경우는 우리 삶 속에 끊임없이 발생한다. 어떤 사람들은 개인의 자유와 권리가 우선적으로 보호되어야 한다고 생각할 것이다. 또 한편으론 공공의 안전이 개인의 자유와 권리보다 우선시되어야 한다고 생각하는 사람들도 있다.

여기에서 우리는 자유의 의미를 다시 한 번 돌아볼 필요가 있다. 자유의 의미는 크게 두 가지로 정의된다. 하나는 **소극적 자유**로 타자에게 간섭받지 않는 상태를 말한다. 즉 국가나 권력에 얽매이지 않고 주체적으로 존재하는 것을 의미한다. 다른 하나는 **적극적 자유**로 자신이 원하는 대로 행동할 수 있음을 의미한다. 이는 자신이 지향하고 선택하는 것을 주체적으로 이행할 수 있는 능력을 갖춘 상태를 말한다. 이러한 두 가지 자유가 실현되는 국가의 모습은 각각 다른 모습을 지닌다.

우선 소극적 자유가 실현되는 국가는 **야경국가**의 모습이다. 다시 말해 국가는 큰 틀에서 국방과 치안을 유지하고 불법적인 일에는 제재를 가하지만, 그 외에는 최대한 개입하려 하지 않는다. 이러한 국가에서는 개인 구성원들이 노력과 경쟁을 통해 빠르게 성장할 수 있지만, 경쟁에서 도태되는 구성원들은 빈곤층으로 전락하여 양극화가 심화될 가능성이 높다. 타자로부터의 간섭이 없는 상태라는 소극적 자유가 지닌 한계다.

한편 적극적 자유가 실현되는 국가는 **복지국가**의 모습에 가깝다. 국가는 국민 스스로가 자신의 선택을 실현할 수 있는 능력을 갖추도록 실업이나 빈곤, 질병의 상태에 놓일 경우, 그들의 삶에 적극적으로 개입한다. 이러한 국가에서는 개인의 삶의 질이 향상되고 빈부격차가 완화되는 긍정적인 측면이 있다. 하지만 과도한 복지정책과 증세로 인해 경기침체와 일자리 감소라는 부정적 측면도 커질 수 있다. 이로 인해 처음 의도와는 달리 한층 더 강력한 정부의 역할을 요구하게 되고, 강력해진 정부는 지속적으로 개인의 자유를 침해하게 되는 상황과 침해하려는 유혹에 빠질 수 있다.

코로나19 방역 과정에서 나타난 첨단 기술을 활용한 공공의 감시 체제 강화와 개인의 사생활 침해에 대해 우리는 많은 생각을 하게 된다. '개인의 자유와 공공의 안전'을 계기로 시작된 '배부른 돼지와 배고픈 인간', '만족한 바보와 불만족한 소크라테스', '소극적 자유와 적극적 자유', '야경국가와 복지국가' 등 여러 선택의 문제들이 우리 앞에 존재한다. 물론 이러한 문제들에 대해 반드시 하나의 입장을 선택해야 하는 것은 아니다. 하지만 양측의 중간 어느 지점을 지향할 것인가에 대한 사회적 논의뿐만 아니라, 교육적 논의도 필요하다. 우리 사회가 나아갈 방향이 명확해진다면 학교교육의 방향 또한 한층 명확해질 것이다.

기울어진 운동장을
바꾸는 주체는 누구인가?

이야기를 이어가기 전에 故 노무현 전
대통령이 퇴임 후 경남 김해시 대창초등학교 운동회에서 했던 연
설 내용의 일부를 소개하고 싶다.

> 내가 7번 선거를 해서 4번을 졌거든요.
>
> 그런데 대통령도 했어요.
>
> 그래서 곰곰이 생각을 해보니까
>
> 인생은 항상 겨루기지만
>
> 반드시 항상 이기는 것만 좋은 것이 아니고,
>
> 진 사람도 다시 이길 수 있는 기회가 있는 사회,

그 사회가 좋은 사회이고,

한 번 겨루기해서 진 사람도 다음 겨루기에서 또 이길 수 있는 사람,

그 사람이 훌륭한 사람 아니겠어요.

오늘 이기는 사람도 다음에 질 수 있기 때문에

기분은 좋지만 겸손하고 또 친구를 격려할 줄 알고,

오늘 진 사람은 다음에 또 이길 기회가 있기 때문에

이긴 친구들을 축하하고 또 앞으로 더 열심히 연습해서 또 이기고,

또 꼭 달리기에서 못 이기면 공놀이에서 이기고,

공놀이에서 못 이기면 착한 사람 겨루기에서 또 이기고

그렇게 할 수 있는 거 아니겠어요 그렇죠?

그래서 이기고 지는데 너무 집착하지 말고

여러분 첫 번째로 최선을 다하시고

또 첫 번째로 정정당당하게 규칙을 지켜서

오늘 열심히 겨루세요.

故 노무현 전 대통령

그런데 연설의 내용은 초등학생들도 쉽게 이해할 수 있을 것 같은데, 막상 이 연설 내용을 우리 사회에 적용하려니 도무지 연결되지 않는다. 과연 우리 사회가 경쟁에서 진 사람도 다시 이길 수 있는, 기회가 공정한 좋은 사회일까? 그리고 최선을 다해 정정당당하게 규칙을 지키는 훌륭한 사람의 이익이 보장되고 있을까?

사회 곳곳에 만연한 반칙과 불공정

우선, 기회가 공정한 좋은 사회는 아닌 것 같다. 과거 정권의 비선 실세 혐의를 받고 있는 최모 씨의 딸 정모씨는 "니네 부모를 원망 해. 돈도 실력이야."라는 취지의 SNS 발언으로 공분을 일으켰다. 하지만 정권이 바뀌었어도 크게 달라지지 않은 모양새다. 사회지 도층 인사 자녀의 부정입학 의혹, 병역 문제 및 2020년 초에 불거 진 인천국제공항공사 비정규직 근로자들의 정규직 전환에 따른 취 업 불공정 논란까지 끊임없이 이어지고 있다. 특히 우리 사회에 만 연한 사회지도층과 고소득층 일부 사람들의 '부모 찬스'와 '특혜 찬 스' 등 불공정은 2030세대들에게 좌절과 분노, 그리고 사회에 대 한 절망감을 가중시키고 있다. 우리 사회는 어느 순간부터 다시 권 력과 부가 고착화, 세습화되어가는 모습이다. 무한경쟁과 경제발 전 중심의 시장경제체제 속에서 국민 중 일부만 성공과 권력, 부를 거머쥐었고, 나머지 대다수는 실패와 절망, 빈곤을 떠안은 것이다. 그래서 '금수저'와 '흙수저'라는 말이 세간에 떠돌 만큼 한쪽으로 크 게 기울어진 사회 분위기가 형성되었다.

다음으로, 규칙을 지키는 훌륭한 사람이 잘 사는 것도 아닌 것 같 다. 세월호 사건 당시, 규칙을 지키며 착실하게 안내방송에 따르느 라 골든타임을 놓치며 소중한 목숨을 잃은 수많은 학생들의 안타 까운 사연을 통해 많은 사람들은 생각했을 것이다.

역시 세상을 너무 정직하고 착하게 살면 나만 손해야…

생활 속 이익은 정정당당하고 규칙을 잘 지키는 시민들이 아니라 편법이나 반칙을 쓰는 사회지도층과 고소득층 등의 일부 사람들에게 돌아간다고 생각하지 않았을까? 이러한 뒤틀린 인식과 비뚤어진 분위기를 서둘러 바로잡지 않는다면 머지않아 우리 사회는 심각한 갈등과 분열로 총체적 위기를 맞게 될 것이다.

기울어진 운동장, 누가 바로 세울 것인가?

사실 현재의 2030세대가 대단한 뭔가를 바라는 것이 아니다. 단지 기회가 공정한 사회, 정직한 시민이 잘 사는 가장 상식적인 사회를 희망할 뿐이다. 부모의 경제적 수준과 사회적 지위가 입시와 취업, 병역 등에 영향을 미치는 것에 반대하고, 정부의 뜬금없는 결과적 평등을 위한 인위적인 취업 정책이 과정의 평등, 즉 기회의 공정성을 훼손하는 것을 거부할 뿐이다. 이제 기울어진 운동장을 노무현의 운동장으로 바꾸어야 한다. 학생들이 넘어질 걱정 없이 뛰어놀듯이 우리 사회 구성원 모두가 공정하게 뛰어다닐 수 있는 운동장으로 말이다. 다음은 사람 사는 세상을 꿈꿨던 바보 노무현 전 대통령이 한 연설 중 일부이다.

정치가 썩었다고 고개를 돌리지 마십시오.

낡은 정치를 새로운 정치로 바꾸는 힘은

국민 여러분에게 있습니다.

만약 이 연설에서 정치를 운동장으로 바꾸

어보면 이런 내용이 되지 않을까.

故 **노무현 전 대통령**
제16대 대한민국 대통령.
재임기간 2003.2~2008.2

운동장이 기울었다고 꿈을 포기하지 마십시오.

기울어진 운동장을 새로운 운동장으로 바꾸는 힘은

우리 모두에게 있습니다.

특히나 학교교육의 장은 공평한 운동장이어야 한다. 최소한 모든 학생들이 자신의 꿈을 포기하지 않도록 기회와 과정을 공평하게 제공하는 학교, 규칙을 잘 지키는 평범한 학생이 편법이나 반칙을 일삼는 일부 학생으로 인해 피해를 보지 않는 학교, 일반의 시민들이 비상식적인 이유로 힘겨워하거나 넘어질 일이 없는 상식이 통하는 사회를 형성해가는 데 기여하는 학교가 되어야 한다. 아울러 학생 스스로 운동장에서 자신의 종목을 마음껏 즐기는 주인공이 될 수 있음을 알려주고, 그러한 역량을 기르는 데 도움을 줄 수 있는 그런 학교로 거듭나기를 소망한다.

차이를 인정하느냐,
다름을 배격하느냐?

전 세계적 베스트셀러인 《화성에서 온 남자,
금성에서 온 여자》는 남녀의 차이를 화성과 금성이라는 비유로 풀
어낸 책이다. 책 속에 등장하는 남자와 여자는 생각하는 방식이나
언어, 행동 등 모든 점에서 서로 다르다. 하지만 이들이 평화롭게
지낼 수 있었던 것은 그들이 서로의 **차이를 존중**했기 때문이다.

책 속에 묘사된 화성인과 금성인의 특징은 이러하다. 화성인은
대화를 통해 우울한 기분을 떨쳐버리는 금성인을 이해하고, 금성
인 역시 화성인이 스트레스를 극복하려면 자기만의 동굴이 필요하
다는 것을 인정했다. 또한 화성인에게 중요한 것은 신뢰, 인정, 감
사, 찬미, 찬성, 격려이며, 금성인에게 중요한 건 관심, 이해, 존중,

헌신, 공감, 재확인이라는 것을 알고 서로 배려하였다.

하지만 우리 사회에는 그런 차이를 존중하지 않고 대립하는 수많은 남녀들이 서로를 원망하며 갈등을 키워간다. 그러한 갈등의 대표적인 사례가 지금 우리 사회에서 말해지는 '한남충[1]'과 '김치녀[2]'의 모습이다. 인정하고 싶지 않지만, 이것이 오늘날 우리 사회의 남녀가 서로를 바라보는 안타까운 현실이다.

점점 더 양극단으로 치닫는 갈등의 원인은?

한남충과 김치녀는 왜 화성인과 금성인처럼 서로의 차이를 존중하고 배려하며 평화롭게 지내지 못한 채 극렬하게 대립하는 걸까? 이들은 서로의 차이를 이해하고 존중하기는커녕 상대를 부족하고 못난 대상으로 바라보며 거침없이 비하한다. 또한 자신은 일방적으로 피해를 강요당하는 입장인 반면에, 상대방은 필요 이상 혜택을

---

1. 한남충은 한국 남자와 벌레 충(蟲)자가 합쳐진 말로, 한국 남성 전체를 비하하는 속어이다. 줄여서는 '한남'이라 부른다. 주로 페미니즘을 표방하는 여성들이 한국 남자 전반을 비난하기 위해 사용하는 언어로 한국의 대표적인 남성 혐오 용어다.

2. 김치녀는 한국 여성을 비하하는 말로, 한국 여성은 남성의 돈을 밝히고 남성을 경제력으로 평가하고 남성을 통해 신분 상승을 하려고 한다고 규정하는 단어이다. 주로 책임과 의무를 외면한 채 권리만 찾는 여자, 불리한 상황에서만 남녀평등을 외치는 여자, 남자에게 경제적으로 의존하는 여자, 남자와 여자에게 이중잣대를 가진 여성 등을 지칭할 때 쓰인다.

누리고 있다는 인식도 지니고 있다.

예컨대 남성들은 남성이라서 당하는 징병제, 가부장제의 악영향으로 남성에게 부여된 과도한 책임감, 성범죄에 관한 잠재적 가해자 취급, 성범죄를 당한 후에도 남성이 여성한테 그런 일을 당하냐는 주위의 비아냥 등의 고충을 강조한다. 한편 여성들은 생활 주변에서 너무나 쉽게 마주치게 되는 성범죄 사건들, 그리고 언제든 내가 그 대상이 될지 모른다는 생활 속 항시 불안감, 성에 관한 협박, 신체 노출에 대한 불편한 시선, 직장생활에서의 유리천장, 출산과 육아에 대한 압박, 외모 관리에 대한 부담, 체력적인 불리함 등의 어려움을 앞세운다.

더 나아가 남성우월주의자들과 여성주의(페미니즘)자들은 상대에 대한 비난과 혐오를 훨씬 더 강도 높은 수준으로 쏟아낸다. 남성우월주의자들은 남성의 지위를 절대적으로 강조하고 성차별적 언행을 가감 없이 드러낸다. 오랜 세월 전쟁과 같은 국난을 겪는 과정에서 사회의 주축으로 유리한 위치에 올라선 남성들은 여성을 자신보다 아래의 존재로 하대하는 경향을 보여왔던 것이 사실이다. 그런데 이러한 남성우월주의적 경향은 시대가 달라진 뒤에도 사라지지 않고 여전히 여기저기에 남아 있다. 단적으로 최근에도 전국민적 공분을 불러왔던 '버닝썬 사건[3]', 'n번방 사건[4]' 등이 남성우월주의의 극단적인 모습이라고 볼 수 있다.

한편으로 여성주의(페미니즘)자들은 여성의 권리를 추구하며, 여성에 대한 차별을 반대한다. 여성의 사회적인 이미지와 권리를 남성과 동등하게 하는 것을 목표로 여성의 권리 확장과 성차별적인 대우의 타파를 통해 여성해방과 더 나아가 여성우월을 달성해야 한다고 주장한다. 국내의 여성주의의 대표적 커뮤니티인 워마드(WOMAD)는 오직 생물학적 여성들의 권리만을 위해 남성, 성소수자, 트랜스 여성 등에 대한 거침없는 차별과 비하를 서슴지 않는 모습을 적극적으로 보이기도 한다.

---

3. 2018년 11월 강남 클럽 '버닝썬'에서 김모(28)씨가 직원에게 폭행을 당했지만 오히려 경찰이 가해자로 체포하고 폭행까지 하면서 인권을 유린한 사건이다. 김씨는 경찰이 클럽 측을 옹호하였다고 폭로하였고, 이를 계기로 클럽 버닝썬과 관련된 연예인과 경찰에 대해 언론이 다루면서 이슈화되었다. 버닝썬에서는 이른바 '물뽕'을 사용한 강간이 이루어지기도 하였다. 버닝썬은 남성 고객이 강간하기 위해 물뽕을 사용하는 걸 묵인하고, 클럽 MD(머천다이저)가 이를 유통하기까지 했다. 버닝썬 조사 도중 한 제보자의 카카오톡 제보로 연예인 다수가 카카오톡을 통해 음란물, 강간 및 부적절한 내용을 주고받고 불법 촬영했으며 파일을 유포한 정황이 드러났다. 이로 인해 오디션 프로그램 출신 예능인, 유명 아이돌 그룹 멤버 등 연예인 다수가 이 사건에 연루된 것이 확인되며 사회적으로 큰 파장을 일으켰다.

4. 2019년 2월, 성 착취 텔레그램 채팅방이 있다는 사실이 알려졌다. '갓갓'이라는 닉네임은 트위터 일탈계정(자신의 알몸이나 성교행위, 자위행위 등을 찍어서 올리는 계정)을 운영하는 여성들을 목표로 "사이버수사대입니다. 음란물 제작 및 유포 혐의로 신고되었으니 아래 링크를 통해 진술하십시오"라는 메시지와 함께 해킹링크를 보내 여성들의 신상정보를 얻어 그들을 협박하고 수치스러운 동영상이나 음란 동영상을 강제로 찍게 하였다. 이렇게 만든 영상들은 '1번방' 부터 '8번방'까지 만들어져 'n번방'이라고 불리게 되었다. n번방이 폐쇄된 이후 '박사'라는 닉네임이 운영한 '박사방'이 가장 유명한데, 성 착취물을 텔레그램 채팅방을 통해 유통하고 암호화폐 결제로만 채팅방에 들어갈 수 있는 전문적인 모델을 만들었기 때문이다. 그는 인스타그램이나 트위터 등의 일반인 여성들에게 '고액 스폰(성매매) 알바'로 접근했고, 이에 응한 여성들에게서 신상정보와 누드사진 등을 얻어낸 뒤 이를 이용하여 여성들을 협박하고 가학적인 사진과 영상을 찍고 올리게 했다. 박사는 암호화폐를 이용하여 영상들을 판매하던 중 체포되었다.

억지로 상대를 변화시킬 수 있다는 그릇된 기대

홀로 무인도로 들어가 고립된 채 살아가지 않는 한 우리는 모두 타인과 더불어 세상을 살아갈 수밖에 없다. 타인과의 관계에서 갈등이나 마찰은 불가피한 면이 없지 않다. 하지만 노력하기에 따라 때론 돈독한 관계로 발전하기도 하고, 반대로 관계의 파국을 맞이하기도 한다. 사람과의 관계에서 대화와 이해는 인간관계를 돈독히 하고, 언쟁과 비난은 인간관계를 파괴한다. 한남충이건 김치녀건 그리고 남성우월주의자건 여성주의(페미니즘)자건 상대를 비난하기에 앞서 서로를 이해해보려는 노력이 필요하지 않을까? 남녀관계에서도 서로가 다르다는 것을 제대로 이해한다면 서로에 대한 불필요한 오해가 줄어든다. 아울러 상대방을 자신의 사고나 행동의 틀에 맞추려는 그릇된 기대 또한 쉽게 갖지 않게 될 것이다.

　화성인과 금성인의 비유처럼 서로 다른 존재임을 기억한다면 억지로 서로를 변화시키려고 애쓰거나 맞서려고 하는 대신에 그 차이를 편하게 받아들이고 더불어 잘 지낼 수 있을 것이다. 교육에서도 마찬가지이다. 먼저 우리의 학교교육부터 남녀가 서로 다르다는 것을 자연스럽게 이해하고 받아들일 수 있는 '성(Ssx)교육'과 '젠더(Gender)교육'이 함께 병행되어야 할 것이다.

---

5. 어떤 한 시대 사람들의 견해나 사고를 지배하고 있는 이론적 틀이나 개념의 집합체

Sex & Gender

성인지 감수성에 대한 패러다임의 전환

최근 수년간 우리나라의 몇몇 거물급 정치인들의 씁쓸한 몰락과 깊이 관련된 키워드가 있다. 바로 **성인지 감수성**이다. 성인지 감수성(gender sensitivity)의 개념은 성별의 차이로 인한 일상생활 속 차별과 유·불리함, 불균형을 인지하는 정도를 말한다. 넓게는 성평등 의식과 실천 의지 그리고 성 인지력까지 모두 포함한다.

성인지 감수성에서의 '성(性)'은 생물학적이고 태생적인 측면에서의 성(sex)이 아니라, 사회문화적으로 형성된 성(gender)을 의미한다. '인지(認知)'란 지식을 습득하고, 문제를 풀고, 계획을 세우는 것과 같은 지각, 기억 및 정보처리 등의 지적 정신 과정을 말하며, '감수성(感受性)'은 외부 세계의 자극을 느끼고 받아들이는 가치와 태도를 뜻한다. 특히 개인의 성(gender)인지 감수성은 그가 속한 사회문화로부터 만들어지기 때문에 사회 구성원의 성인지 감수성을 올바르게 형성시키기 위해서는 성인지 감수성을 바라보는 사회문화의 패러다임(paradigm)[5]을 먼저 진단할 필요가 있다.

사회문화 속 패러다임이 담긴 예로 안내 표지를 들 수 있다. 공공장소에 설치되어 있는 안내 표지 중 '엄마와 아이'를 표현한 픽토그램(pictpgram)은 다양한 공공장소에 부착되어 있다. 문제는 이러한 안내 표지가 사람들에게 오랜 시간에 걸쳐 반복적으로 노출되면서 사람들은 자신도 모르는 사이에 '엄마는 아이를 돌보는 사람'이라는 성역할 고정관념을 형성할 수 있다는 점이다.

성적 고정관념을 심어주는 픽토그램 사례
이러한 표지판들을 오랜 시간 접함으로써 사람들은 아이들 돌보는 것은 여성의 역할이라는 점을 무심코 각인하게 된다.

오스트리아 빈에서는 그러한 성역할의 고정관념을 깨트리고 사회문화적으로 성인지 감수성을 개선하기 위해 2007년 "빈은 다르게 봅니다(Vienna sees it differently)"라는 캠페인을 벌였다. 모든 공공기관의 화장실에 남성이 아이의 기저귀를 갈아 주는 표지를, 대중교통의 배려석에는 아이를 안은 남자를, 보행 신호등에는 여성의 형상을, 공사장 표지에는 땅을 파는 여성을, 비상구에는 치마를 입고 문을 향해 달려가는 여성을 반영하는 캠페인이었다.

"빈은 다르게 봅니다" 캠페인 사례
성인지 감수성 개선을 위해 성적 고정관념에 얽매인 기존 표지를 다르게 표현한 캠페인 사례. 다만 긴 머리와 치마, 높은 굽이 상징하는 모습에서 또 다른 성적 고정관념을 보여주는 것은 아닌지에 대한 논란이 있었다.

그렇다면 기존의 표지에서 보여지는 민머리에 성별을 특정할 수 없는 의상을 입은 형태가 인간의 '중성화된' 상징이라고 할 수 있을까? 어떻게 그 상징은 여성을 포괄하는 '인간'의 상징이 되었는가? 반대로 긴 머리에 치마를 입고 힐을 신은 '여성'은 왜 남성을 포괄하는 인간의 표지가 될 수 없는 것인가?

어쩌면 그동안 우리가 평등하다고 생각해왔던 많은 것들이 사실 전혀 그렇지 않을 수 있다. 따라서 이제 우리가 해야 할 일은 지금까지의 사회문화가 형성해온 잘못된 성인지 감수성의 패러다임을 바로 잡는 것이다.

성인지 감수성의 패러다임이 바르게 형성된 사회에서는, 구성원 개개인이 남성 또는 여성으로서의 사회적 기대와 역할로부터 자유로워질 것이며, 성역할의 고정관념에서 벗어나 자신을 있는 그대로 인식하고 행동할 것이다. 그리고 개인이 지닌 고유한 특성을 존중받으면서 그러한 특성을 발현하는 데 집중할 수 있게 될 것이다. 이러한 사회에서 인간은 진정한 나 자신을 찾고, 진정한 평등을 느낄 수 있을 것이다.

강원도 어느 시골마을에서 찾은 수준높은 성인지 감수성의 흔적. 'HUMAN'
남녀 화장실을 구분하는 'MAN'과 'WOMAN'에 매직으로 각각의 단어에 'HU'를 적어놓은 모습이 인상적이다. 남자도 여자도 우리 모두 인간이다.

포스트 코로나 시대,
교육의 목적과 기능을 재고하라!

코로나19 이전에도 학교 혁신, 수업 혁신을 위한 다양한 노력이 꾸준히 이루어졌다. 하지만 코로나19 팬데믹으로 인해 학교 현장에는 일대 전환이 일어나고 말았다. 특히 학교 현장에서 이루어지는 교육활동의 모습은 이전과는 매우 다른 양상으로 전개되고 있다. 무엇보다 4차 산업혁명의 핵심기술들인 인공지능(AI), 사물인터넷(IoT), 클라우딩, 가상현실(VR), 증강현실(AR) 등의 기술은 코로나19를 계기로 더욱 빛을 발하며, 학교의 교육활동을 새로운 모습으로 변화시켜 나가고 있다. 이미 교사들은 교실이나 자택에서 수업을 진행하고, 학생들은 가정에서 온라인학습과 화상통신을 활용해 수업에 참여하는 것이 현실이다.

구글미트·줌 등을 이용한 온라인 화상수업
코로나19의 팬데믹은 학교 현장에서 수업 방식을 일대 전환하는 계기가 되었다. 그리고 팬데
믹의 장기화로 인해 이제 온라인 수업은 일상적 수업 방식의 하나로 자리를 잡아가고 있다.

코로나19가 가져온
학교교육 전반과 교육환경의 급변

2019년을 기준으로 우리나라 대학 입학자 수가 약 50만 명 정도
이며, 대학진학률은 약 70%에 이른다. 2015년 출생아 수 44만 명
을 기준으로 했을 때, 그 시기의 전후인 2010년대에 태어난 인구의
70%인 약 30~40만 명의 학생들이 2020년대에 초·중등 교육을 받
게 되고, 2030년대에는 대학에 진학하게 된다. 앞의 인구문제에서
도 다루었듯이 향후 10년 이내에 전국 1만 2,000여개 학교 중 절반
인 6,000여 개의 학교가 통합이나 폐교·통폐합될 것으로 예상된다

는 점에서도 대학교육을 포함한 학교교육 전반의 교육환경은 급변할 수밖에 없다.

이러한 코로나19 팬데믹과 4차 산업혁명, 인구감소 등으로 인한 급격한 환경적·물리적 변화는 그동안 우리 교육에서 다뤄온 다양한 주제와 문제들을 바라보는 교육적 시각에도 커다란 변화를 가져오고 있다. 특히, 학생들의 건강과 생명, 안전을 고려한 비대면(언택트) 교육의 확산은 교육의 초점을 지식보다 **인간을 우선**으로 바라보게 하였으며, 교사 중심에서 **학생 중심**으로, 지식의 전달과 암기 중심에서 **개념의 이해와 적용**으로 변화시켜주었다.

아마도 훗날 포스트 코로나 시대의 분기점으로 평가받게 될 2020년 이후의 학교는 무엇을 지향하는 교육을 해야 할 것인가. 이에 대한 초점을 명확히 하기 위해서는 무엇보다 교육의 목적과 기능을 재정립하는 것부터 필요하다.

기본적으로 교육은 학생의 바람직한 성장과 발달을 도모하기 위한 목적을 지니고 있으며, 시간적·공간적 기능을 수행한다. 이전 세대로부터 오랜 시간 전해져 내려오는 사상과 가치, 문화 등을 이어받아 다음 세대로 전달하여 인류의 발전에 기여하는 것이 교육의 시간적 기능이라면, 현재의 국가체제를 유지하고 사회 질서에 순응하며 공동체의 개선과 혁신의 기반을 마련하는 것이 교육의 공간적 기능이라고 할 수 있다.

삶의 가치를 반영하는
교육의 시공간적 관점 변화

이러한 교육의 목적과 시·공간적 기능을 과연 우리 교육이 제대로 담아내고 있는지, 그리고 급격히 변화하고 있는 미래사회에서 교육의 목적과 기능이 어떻게 변화해 나갈 것인지에 대해 치열하게 고민하며 준비해야 할 때다. 우선, 교육의 목적인 학생의 바람직한 성장과 발달이 추구하는 궁극적인 목표가 변화하고 있다. 그동안 학생의 성장과 발달이 학생 개개인의 성공과 자아실현을 목표로, 자연스럽게 사회의 성장과 발전으로 이어지는 것으로 생각했다면, 최근에는 이에 대한 사회적 인식이 점차 바뀌고 있다. 즉 남들과의 치열한 경쟁 속에서의 성취하게 되는 성공과 자아실현보다 자기 자신에 대한 성찰 속에서 '나'에 대한 이해와 행복 추구로 옮겨가고 있으며, 사회의 성장과 발전보다는 사회에 의미 있고 만족스러운 삶을 추구하는 방향으로 변화하고 있는 것이다.

이러한 변화는 사회변화의 다양한 변수들과 흐름들로 인해 나타나는 자연스러운 인식의 변화일 수도 있지만, 그동안 우리 사회가 집착해온 지루하고 끝이 없던 입시문제(대학전형, 입학비리, 사교육, 양극화 등)와 사회문제(코로나19, 불공정성, 정신질환) 등으로 인해 국민 모두가 교육과 삶에 대한 엄청난 피로감과 박탈감, 불안감과 무력감 등이 누적되어온 요인도 일부 반영된 결과일 것이다.

'거시적에서 미시적으로' 교육의 시간적 관점 변화

교육의 시간적 기능은 **교육과정의 변화**로 그 기능을 조정해갈 것으로 보인다. 현대사회에서 지식은 가히 지식의 홍수로 표현될 만큼 폭발적으로 증가하고 있다. 이와 함께 교육도 넘쳐나는 지식의 전수와 암기의 방식보다는 개념의 이해와 적용의 방식으로 변화하고 있다. 예컨대 핵심역량, 이해 중심, 개념 중심, 백워드설계, 수행 과제, 과정중심평가, 학생 중심, 개별화, 맞춤식 등의 교육 용어들의 등장과 확산은 그러한 변화를 잘 반영한 사례이다.

그리고 이러한 변화는 이전 세대의 지적 성과물에 대한 습득과 전달보다는 다음 시대를 살아가는 데 필요한 개념의 이해와 전이, 역량을 한층 더 강조하는 양상을 띤다. 특히 코로나19로 인해 교육은 개인의 성공과 사회의 발전을 통해 미래 사회와 인류에 기여하려는 거시적 기능을 수행하기보다는 인간 개개인의 건강과 안전, 만족과 행복을 통해 미래 사회와 인류 공동체의 복지의 질을 높이려는 미시적 기능이 더욱 강화될 것이다.

'구조적에서 맥락적으로' 교육의 공간적 기능의 관점 변화

교육의 공간적 기능은 소셜 네트워크(social network)라는 **온라인 공간의 확장 및 영향력 확대**로 인해 그 기능에 커다란 전환이 예상된다. 기존까지는 학생들이 교실이라는 한정된 공간에서 머리를 맞대고 대화하며 해결책을 찾아가는 방식에서 그 기능을 수행했다면, 이제는 서로 각자의 공간에서 다양한 방법, 즉 언택트, 블렌디드, 하이브리드, 온라인, 화상 등으로 의견을 나누고 인식을 공유하며 해결책을 찾아가는 방식으로 기능을 수행하게 되었다. 그리고 소위 TGIF(Twitter, Google, iPhone, Facebook)와 같은 온라인상의 다양한 플랫폼을 중심으로 국가체제와 사회질서, 공동체에 대해 서로의 생각을 나누게 될 것이다. 그리고 이러한 과정에서는 기존의 사회적 의식의 흐름 및 해결 방안과는 사뭇 다른 결과들이 도출될 것으로 예상된다. 결국 교육의 공간적 기능은 국가, 사회, 공동체라는 구조적 조직의 개선과 발전보다는 개인과 주변, 그리고 SNS상에서 나와 관계된 단체와 공동체라는 맥락적 관계의 개선과 발전을 위한 기능이 중심이 될 것이다.

이상의 Part 2.에서 우리는 현재의 학교가 미래의 학교로 진화하기 위해 어떠한 선택과 결정을 해야 할 것인지에 관해 서로 대립되는 가치들이나 상호 보완적 개념들을 중심으로 함께 살펴보았다. 끝으로 이어질 Part 3.에서는 본격적으로 학교교육이 미래교육의 주체가 되기 위해 어떠한 방향에 초점을 두고 역량을 집중할 것인가를 살펴볼 것이다. 특히 Part 1.과 Part 2.에서 다룬 내용들을 토대로 미래학교가 집중해야 할 교육의 책임과 방향에 관해 자세히 이야기해보려 한다.

"지속가능한 학교를 위해 무엇에 집중할 것인가?"

앞에서 우리는 격동의 사회변화와 그 변화 속에서 살아남기 위해서는 어떤 결정을 해야 하는지를 중심으로 살펴보았다. 앞선 내용들을 바탕으로 미래의 학교는 그동안의 교육과는 많은 점에서 달라져야 한다. 국내외 이슈에 대한 확인과 질문에 대한 입장을 결정했다면 이제는 방향을 선택하고 앞으로 나아가는 데 집중해야 한다.

이에 Part 3.에서는 미래학교가 집중해야 할 몇 가지 방향들에 대해 다루어볼 것이다. 우선, 학교의 외부적 방향에서는 과거부터 현재까지 교육사조가 집중했던 부분은 무엇이며 앞으로의 방향은 무엇일지에 대해, 그리고 UN, UNESCO, OECD 등 국제기구가 제시하고 있는 미래교육의 방향은 무엇인지에 대해서 살펴볼 것이다. 다음으로 학교의 내부적 방향에서는 지속가능발전과 세계시민의식, 인공지능과 인간, 혼합과 융합, 수명연장과 젠더의식 등 학교교육이 실천해야 할 방향들에 대해서 제시할 것이다. 이를 통해 학교가 내·외부적으로 미래교육을 위해 어떻게 집중해 나가야 하는지에 대한 확실한 방향성을 갖게 될 것이다.

03

미래학교와 집중의 방향

역사적으로 교육철학은
어떻게 흘러왔나?

원시 시대의 진리와 본질은 '토테미즘'에서 찾았다. 원시 인류와 동식물이 특수한 관계를 지니고 있다는 믿음에서, 그러한 관계를 둘러싸고 형성된 신념의 체계를 진리와 본질로 본 것이다. 이후 고대에는 '신화'를 중심으로 진리와 본질에 접근하였다. 고대 인류의 기원이 담긴 신화 속 신들의 이야기와 자기 민족의 시조에 관련된 이야기들에서 진리와 본질을 찾은 것이다. 중세에는 '기독교'를 중심으로 종교적 진리와 본질을 이야기하는 시각이 중심이었으며, 근대와 현대에 들어서는 '과학적 탐구'와 '인간의 이성'을 중심으로 진리와 본질에 접근하고자 하였다. 이러한 접근들은 역사의 흐름 속에서 철학의 영역으로 자리잡아 왔다.

시대별 진리의 중심 변화

원시		고대		중세		근현대
• 토테미즘 • 자연 · 동식물	⇒	• 신화 • 시조 이야기	⇒	• 신 • 기독교	⇒	• 인간 • 과학, 이성

다시 말해 고대와 중세에는 진리와 본질이 무엇인지에 대한 '존재론'이 철학의 중심이었고, 근대에는 우리의 인식이 진리와 본질에 어떻게 도달하는지에 대한 '인식론'이 철학의 중심이었으며, 현대에는 다시 진리와 본질에 대한 다양한 전환적 사고의 관점에서 파악하고자 하는 '존재론'이 철학의 주된 흐름이 되었다.

고대부터 현대를 대표하는 철학의 중심

존재론 (고대~ 중세)	대상(나의 외부) • (절대주의) 자연철학자들 · 소크라테스 · 플라톤, 교부철학, 실재론 • (상대주의) 아리스토텔레스, 스콜라철학, 유명론 • (회의주의) 소피스트
인식론 (근대)	방법(나의 내면) • (절대주의) 데카르트-합리론 · 연역법, 칸트-관념론 • (상대주의) 베이컨-경험론 · 귀납법, 칸트-관념론 • (회의주의) 쇼펜하우어-염세주의, 야스퍼스-실존주의, 니체-초인사상
존재론 (현재)	인간(나 주체) • (절대주의) 하이데거-실존주의 • (상대주의) 비트겐슈타인-분석철학 • (회의주의) 사르트르-실존주의, 포스트모더니즘

교육에서도 마찬가지로 고대와 중세에는 존재론적 교육철학이 존재하였다. 고대에는 소크라테스와 플라톤의 '이상주의'와 아리스토텔레스의 '실재주의', 탈레스 등 자연철학자들의 '자연주의'가, 중세에는 기독교 중심의 교부철학과 스콜라철학 등의 '신본주의'가 교육철학의 주류를 이루었다. 중세 이후 르네상스와 종교개혁 시기에는 '인문주의'가 강조되었고, 이어서 과학과 이성의 발달로 인한 '실학주의'와 '계몽주의'가 주류를 이루었다. 근현대에 이르러서는 페스탈로치, 헤르바르트, 프뢰벨 등의 교육사상가들을 중심으로 한 '신인문주의'가, 현대에 이르러 듀이의 '프래그머티즘', 킬패트릭의 '진보주의', 그리고 진보주의에 대응하는 흐름으로 '본질주의', '항존주의'까지 다양한 인식론적 교육철학이 있어 왔다. 이후, '실존

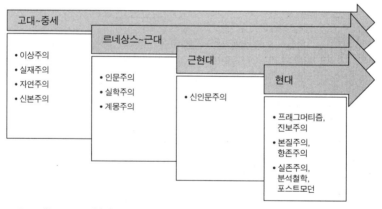

고대부터 현대까지 교육철학의 흐름
과거에서 현재까지 시대별로 주류를 이룬 교육철학에 따라 다양한 교육이념과 사상이 발전되어왔다.

주의', '분석철학', '포스트모더니즘' 등 인간의 존재와 인간 개체에 초점을 맞춘 존재론적 교육철학이 다시 등장하며 다양한 교육이념과 사상이 발전되어 왔다.

교육철학의 흐름을 고대와 중세(BC.6세기 ~ AD.14세기), 르네상스에서 근대(14~18세기), 근현대(18세기 말~19세기 초), 현대(19세기 중반~현재)로 구분해보았다. 이러한 흐름 속에서 미래교육의 방향을 전망해볼 만한 의미 있는 시사점을 발견할 수 있을 것이다.

고대와 중세

먼저 B.C. 6세기에서 A.D. 14세기에 걸친 고대와 중세의 교육철학 흐름을 살펴보자. 앞서 설명한 것처럼 이 시기는 이상주의와 실재주의, 자연주의, 신본주의 등이 교육철학의 주류를 이루었다.

미성숙한 학습자를 독려하는 이상주의 교육

대표적인 인물로는 그리스의 철학자 소크라테스(Socrates, B.C. 469~399)와 플라톤(Plato, B.C. 429~347)이다. 근현대에는 칸트(Immanual Kant, 1724~1804), 피히테(Johann Gottlieb Fichte, 1762~1814), 헤겔(G. W. Friedrich Hegel, 1770~1831), 프뢰벨(Friedrich Wilhelm August Fröbel, 1782~1852) 등이 있다.

먼저 **이상주의**는 궁극적 실체와 진리를 영혼, 관념 또는 정신으로 본다. 이상주의는 '실재하는 세계'와 '인식되는 세계'를 분리하고 있다. 실재하는 세계는 규칙적이고 질서정연하며 불변하는 반면, 인식되는 세계는 변화무쌍하고 불규칙적이고 무질서하다고 본다. 이러한 이상주의에서 교육의 과제는 인간의 감각과 생각으로 인식되는 불완전한 세계와 완전한 세계를 구별하는 일이다.

이상주의 교육은 인간 개개인에게 완전한 세계가 지닌 절대 진리나 보편 진리가 내재하고 있다고 본다. 그렇기 때문에 학습자 자신의 내적인 사색과 자아성찰을 통해 그러한 진리를 발견하는 것에 초점을 둔다.

교사는 학생과의 관계에서 중심적이고 결정적인 역할을 가진다. 학생이 미성숙해 있을 경우 교사는 학생이 자신의 입장에서 스스로 성숙된 인식과 세계관을 형성할 수 있게 독려해야 한다. 학습자의 영적인 본성과 인격은 그 자체로 고귀한 가치를 지니고 있으므로, 교사는 학습자를 존중해야 하며, 학습자의 능력을 최대한 실현할 수 있도록 지원해야 한다.

교수-학습 방법의 중요성을 강조하는 실재주의 교육

대표적인 인물로는 고대 그리스의 철학자 아리스토텔레스(Aristotle, B.C. 384~322)가 있으며, 중세에는 토마스 아퀴나스(Tomas Aquinas, 1225~1274)와 같은 스콜라 철학자들과 기독교 신학자들이 있다.

근현대에는 코메니우스(Johann Amos Comenius, 1592~1670), 헤르바르트(Johann Friedrich Herbart, 1776~1841), 러셀(Bertrand Russell, 1872~1970), 허친스(Robert Hutchins, 1889~1977), 아들러(Mortimer Adler, 1902~) 등이 있다.

실재주의는 궁극적 실체와 진리가 그 자체로서 존재한다고 본다. 실재주의는 고대 그리스에서 시작한 고전적 실재주의, 자연과학에서 실재를 탐구하는 과학적 실재주의, 그리고 자연계의 창조자를 신으로 보고 있는 신학적 실재주의가 있다.

실재주의 교육은 인간의 이성을 고양시키는 역할을 위해 여러 과목들로 체계화된 지식을 미성숙한 학생들에게 탐구할 수 있는 기능과 방법을 가르치는 것에 초점을 둔다.

교사는 학생에게 지식의 체계와 탐구의 기술을 전달할 수 있어야 하며, 교과목 간에 서로 어떻게 연결되는가에 대해서도 잘 알고 있어야 한다. 또한 강의, 토론, 실험 등의 다양한 교수-학습 방법을 구사할 수 있어야 하며, 교과목에 대한 내용적 지식과 교육적 방법을 잘 알고 있는 전문가로서의 역할을 강조한다.

학생들의 성장, 발달 수준을 이해하는 자연주의 교육

대표적인 인물로는 고대 그리스의 탈레스(Thales, B.C. 624~545), 헤라클레이토스(Herakleitos, B.C. 540?~480?), 데모크리토스(Demokritos, B.C. 460?~370?), 엠페도클레스(Empedokles(B.

C. 495~435) 등이다. 근현대에는 루소(Jean Jacques Rousseau, 1712~1778), 페스탈로치(Johann Heinrich Pestalozzi, 1746~1827), 스펜서(Herbert Spencer, 1820~1903) 등이 있다.

자연주의는 궁극적인 실체와 진리를 자연이라고 본다. 자연 그 자체가 인간 존재와 인간성을 포함한 모든 존재를 설명해주는 전체적 체제라고 본 것이다. 그들은 실재하는 것은 초자연적이거나 형이상학적인 것이 아니라 존재하는 물질이라고 본다.

이러한 **자연주의에서의 교육**은 실재의 구성 요소를 인식하고 분석하는 방법으로써 감각적 경험을 강조한다. 자연주의에서는 유아기부터 성인기까지 인생의 단계를 설정하고, 각 발달단계에 따라 교육을 한다. 그것은 신체적·심리적인 준비에 따라 교육이 달라질 수 있다는 것을 의미한다. 따라서 교육은 각 인간의 발달단계에 적합한 것이어야 한다는 관점이다.

교사는 첫째, 학생의 본성을 잘 인식하고 성장과 발달의 수준을 파악하여 환경과 어울려 교류하면서 성장할 수 있도록 학생을 돕고 격려하여 학생이 가지고 있는 능력을 잘 표현할 수 있도록 자극할 수 있는 사람이다. 둘째, 강요적이지 않으며 허용적이고 기다릴 수 있어야 한다. 인내를 보이면서 학생 스스로가 지식을 발견하도록 도울 수 있어야 한다. 셋째, 학생의 학습 과정에서 **안내자**로서 역할을 하며 학습 환경을 적합하게 형성하여 학생의 성격과 인성을 형성시킬 수 있어야 한다.

지배계급을 정당화한 신본주의 교육

대표적 인물로는 토마스 아퀴나스(Thomas Aquinas, 1225~1274)를 들 수 있다. 그는 아리스토텔레스의 철학체계를 수용하면서 스콜라 철학을 집대성한 학자이다.

신본주의는 궁극적 실체와 진리를 두 개의 범주로 구분한다. 하나는 이성으로 밝힐 수 있는 것이고, 또 다른 하나는 이성으로 진리를 밝힐 수 없는 것이다. 다시 말해 진리에는 이성의 진리와 신앙의 진리가 있는데, 신앙적 진리는 이성적 진리와 모순되는 것이 아니라 이성을 보강하고 완성하는 것이라 생각하여 양자의 조화를 추구하였다. 이를 통해 인간의 목적이 지상에서의 행복한 상태에 도달하는 것을 넘어서 신의 세계를 인식하는 한층 더 높은 데에 있다고 보았다.

신본주의 교육은 원래 평등주의에 기초하고 있었으나 중세 봉건사상과 결합하면서 새로운 형태의 계급구조를 형성하게 되었다. 다시 말해 중세 계급구조와 결합한 기독교는 지배계급을 정당화시키기 위해 인간의 눈을 현세에서 내세로 돌리기 위한 교육을 실시하게 되었고, 혁신이나 발전보다는 신 중심의 문화를 지향함으로써 현실을 탐구하는 자연과학의 발전이 멈춘 시기였다.

이와 함께 **교사도** 학생을 순종과 신앙으로 이끌고, 종교와 교회 공동체에서 활동하는 구성원으로 육성하여 천국의 시민이 될 수 있도록 하는 것에 관심을 두었다.

르네상스 ~ 근대

14~18세기에 걸친 르네상스부터 근대의 시기에는 인문주의와 실학주의, 계몽주의가 주류를 이루었다.

자유교양인을 길러내는 인문주의 교육

인문주의는 르네상스와 종교개혁의 정신을 담은 근대문화 창조기의 주류 사상이라 할 수 있다. 인문주의는 중세의 신본주의에서 인본주의로, 내세주의에서 현세주의로, 금욕주의에서 자연주의로, 권위주의에서 이성주의로, 억압주의에서 자유주의로, 교회 중심에서 개인 중심으로, 특권층 중심 교육에서 초등 보통교육으로의 변화를 특징으로 한다. 대표적 인물로는 전인교육과 수준별 교육을 이야기한 에라스무스(Erasmus von Rotterdam, 1446~1536)와 의무교육과 공교육을 강조한 루터(Martin Luther, 1483~1546)가 있다.

　인문주의 교육은 자유교양교육, 고전중심교육, 시세로주의교육 등이 있다. 자유교양교육은 지덕체의 조화로운 발달을 도모함으로써 인간적 교양을 갖춘 자유인을 길러내고자 하는 교육이다. 고전중심교육은 자유교양인을 길러내기 위한 수단으로 고전문학의 학습이 강조된 것을 의미한다. 고대 그리스 및 로마의 문헌들을 공부함으로써 그 속에 담긴 인본주의적 정신과 사상을 받아들이고자 하는 교육이었다. 시세로주의교육은 로마의 위대한 웅변가였던 시세로의 유명한 문장을 암송하고 교육에서도 그의 문장구성 형식을 강조한 교육이다. 하지만 시세로주의교육은 시간이 지날수록 수단이 되어야 할 고전어 교육 그 자체가 목적이 되어 전인교육으로서의 인문주의를 방해하는 양상을 띠게 되었다.

현실감 있는 유능한 인재를 강조하는 실학주의 교육

실학주의는 인문적·사회적·감각적 실학주의의 세 단계를 거치면서 발전하였다. 인문적 실학주의(humanistic realism)는 고전 연구를 통해 현실에 잘 적응할 수 있는 유능한 사람을 양성함을 목적으로 하였다. 대표적인 인물로는 라블레(Francis Rabelais, 1483~1553), 밀턴(John Milton, 1608~1674) 등이 있다. 사회적 실학주의(social realism)는 사회생활의 경험을 주요 내용으로 하여 신사(gentleman)로서의 준비를 목적으로 하였다. 대표적인 인물로는 몽테뉴(Michel de Montaigne, 1533~1592), 로크(John Locke, 1632~1704) 등이 있다. 감각적 실학주의(sensual realism)는 인간의 감각적 직관을 기초로 사물의 본질을 파악하고자 하였다. 대표적인 인물로는 라트케(Wolfgang Ratke, 1571~1653), 감각적 실학주의와 직관교육을 강조한 코메니우스(Johann Amos Commenius, 1592~1670) 등이 있다.

  실학주의 교육은 르네상스 시기 인문주의의 시세로주의교육과 종교개혁의 교조적 형식주의가 보이는 한계를 극복하고자, 새로운 교육 내용과 방법을 도입하기 위해 생겨났다. 특히, 인문적·사회적·감각적 실학주의가 추구하는 지식에 도달하기 위한 과학적 사고와 접근이 강조되는 분위기 속에서 인간의 능력과 이성 및 경험을 존중하는 방식의 교육이 주목받게 되었다.

이성을 올바로 사용하는 인간을 양성하려는 계몽주의 교육

계몽주의는 자연주의, 합리주의, 현세주의의 특징을 지닌다. 각각의 특징을 살펴보면 다음과 같다. 첫째, 자연주의는 인간을 자연 그대로 보는 것이다. 자연의 빛에 비추어볼 때 모든 인간은 본래 자유롭고 평등한 존재이며, 종교인, 귀족 등이 특권을 행사하는 사회는 인간의 자연적 권리를 무시한 것이므로 자연의 질서에 위배된다고 보았다. 대표적인 인물로는 로크(John. Locke, 1632~1704), 몽테스키외(Charles De Montesquieu, 1689~1755), 루소(Jean Jacques Rousseau, 1712~1778) 등으로 미국의 독립전쟁(1775~1783)과 프랑스의 시민혁명(1789~1794) 등에 사상적 기초를 제공하였다.

둘째, 합리주의는 인간의 이성과 지성을 존중하는 것이다. 계몽의 유일한 수단이라고 생각했던 이성은 계몽주의자들에게 신과 같은 존재로서 생활의 모든 문제를 이성의 힘으로 해결하려 하였다. 대표적인 인물로는 디드로(D. Diderot, 1713~1784), 볼테르(Voltaire, 1694~1778) 등으로 종교에서의 기적이나 예언과 같은 신비적 요소를 부정하고 이성적 진리만을 믿었다.

셋째, 현세주의는 과거 중세의 내세주의와 대립되는 것으로, 현실 세계에서의 행복을 실현하기 위한 자연과학적 발전이 실천으로 나타난 것이다. 대표적인 인물로 증기기관을 발명한 와트(James Watt, 1736~1819), 방적기계를 발명한 아크라이트(Richard Arkwright, 1732~1792) 등이다.

계몽주의 교육은 모든 인간이 이성을 올바로 사용할 수 있도록 교육하고, 그들이 자율적으로 사고하면서 삶을 형성할 수 있도록 도와주는 모든 노력에 관심을 기울였다. 인간의 이성을 깨우는 일을 교육의 궁극적인 과제로 생각하며, 인간의 참다운 지성적 해방을 추구하였다.

근현대

18세기 말에서 19세기 초의 근현대는 신인문주의 교육철학이 주류를 이루었다.

고전에 담긴 세계관과 인생관을 중시하는 신인문주의 교육

신인문주의는 16세기 인문주의가 시세로주의로 변질되었던 것을 지적하고, 지나치게 이성을 중심으로 한 계몽사상에 반기를 들고 인간의 조화로운 발달을 바라며 인간의 정서와 감정을 강조한 운동이다. 대표적인 인물로는 인류의 교사로 칭송되는 페스탈로치

(Johann Heinrich Pestalozzi, 1746~1827), 교육학의 학문적 체계를 세운 헤르바르트(Johann Friedrich Herbart, 1776~1841), 유치원의 창시자로 유아교육을 집대성한 프뢰벨(Friedrich Wilhelm August Fröbel, 1782~1852) 등을 들 수 있다.

신인문주의 교육의 특징은 첫째, 과거 르네상스와 종교개혁 시기의 인문주의가 그리스 문화를 계승한 로마문화를 재생하였다면, 신인문주의는 그리스의 문학과 사상, 인간관, 세계관을 부활시켰다. 둘째, 인문주의에서는 고전에 담겨진 정신과 내용보다는 로마의 문장, 생활양식 등의 형식을 단순히 모방하는 데 그쳤으나, 신인문주의에서는 고전 속에 담겨진 세계관, 인생관 등의 정신과 내용을 중시하였다. 셋째, 신인문주의는 고전문화의 맹목적인 부흥이 아니라, 자신과 사회문화를 위해 유용한 고전을 부흥시키고자 하였다. 즉 그리스의 고전문화 속에서 인간의 본질을 인식하고 참된 자기를 파악하고자 한 것이다.

현대

19세기 중반부터 현재에 이르는 현대사회에는 프래그머티즘, 진보주의, 본질주의 항존주의, 실존주의, 분석철학 등이 교육철학에 영향을 미치고 있다.

경험을 중시한 프래그머티즘 교육

프래그머티즘은 진리란 인간의 경험으로부터 나오는 실험적인 것, 또는 가설적인 것이라고 한다. 프래그머티즘에서는 과학적인 방법으로 인간의 행동 결과를 검증하는 데에 관심을 둔다. 대표적인 인물로는 듀이(John Dewey, 1859~1952), 몬테소리(Maria Montessori, 1870~1952), 니일(Alexander Sutherland Neill, 1883~1973), 슈타이너(Rudolf Steiner, 1861~1925) 등이 있다.

프래그머티즘 교육은 궁극적인 실체에 대한 형이상학적 사색 일체를 거부한다. 인간의 문제는 초경험적인 것이라기보다는 오히려 인간의 경험 세계 속에서 변화하고 진보하는 우주를 강조한다. 즉 인간의 환경 조건을 개선하고 재구성하는 데에 경험을 유용하게 활용해야 한다고 주장한다. 경험을 재구성하는 데에 있어서 이론과 실제는 혼합되어 활용되며, 경험에서 유추된 이론은 행동을 통하여 검증된다. 불변하는 것과 변화하는 것을 구별하는 이원론을 반대하는 대신에 개인과 집단이 문제의 상황에서 성공적으로 결말을 얻어내기 위해 기울이는 지속된 노력들이 지식이 된다고 하여 경험을 중시한다. 즉 이론은 실제에서 나오며, 또한 실제에서 검증된다는 주장이다. 교육은 모든 문제를 다루는 방법을 제공함으로써 인간을 보다 자유스럽게 하는 것이다. 듀이에 의하면 존재하는 것은 변화하는 세계에 있다는 것을 의미하며, 인간이 하고 있는 탐구활동은 확실성에 대한 탐구라기보다는 불완전한 세계에서 이루어지는 변화 과정 그 자체를 관리하고 지시하는 방법과 수단에 대한 탐구라고 보았다.

학생들의 흥미와 욕구를 강조하는 진보주의 교육

진보주의는 프래그머티즘을 모태로 하여 미국에서 전개된 교육운동이다. 이 운동의 핵심은 과거의 전통적인 교육이 성인 중심 교육 내지는 교사 중심 교육이었던 것을 비판하고 이를 아동 중심 교육으로 전환시키고자 하는 데 있다. 대표적인 인물로는 〈프로젝트 방법(The Project Method, 1918)〉이라는 논문을 통해 학생들이 직접 학습 주제의 선정 및 학습내용과 방법을 결정하는 데 자율성을 부여한 프로젝트 학습법을 구체적으로 제시했던 킬패트릭(William H. Kilpatrick, 1871~1965)이 있다.

진보주의 교육은 학생의 흥미와 욕구와 경험을 존중하는 교육으로, 성장하는 학생의 흥미와 욕구를 충족시켜주는 학습과 경험의 재구성을 통한 성장이 목적이다. 따라서 학교를 학생들이 있고 싶어하는 행복하고 매력적인 곳으로 만들어야 한다고 주장한다. 즉 학생들이 가고 싶어하는 학교로 만들기 위해 기존 기계적 암기학습, 교재 중심 학습으로부터 벗어나 학생 중심의 활동, 경험, 문제해결을 활용하는 교육을 강조하였다. 특히, 학습자들이 과학적 방법을 사용하여 자기가 설정한 가설과 계획에 따라 행동하고 학습하는 프로젝트 방법(Project method)이 주목받았다. 또한 프로젝트 방법은 과학적 태도뿐만 아니라 민주적 집단행위도 촉진한다고 보았다. 진보주의 교육은 경쟁적·개인주의적 개별학습보다는 협동적·집단적 학습활동을 장려하였다. 학교에서의 민주적 생활은 사회개혁을 위한 기초로 간주되었으며, 전통적 가치보다는 문화적 상대주의 입장을 취한다. 그리고 일반적으로 학생에게 교육과정을 전달하는 방식의 교육을 반대한다. 따라서 교육과정은 학생으로부터 구성되며, 학습은 문제해결과 협동학습 등 학생 중심의 다양한 학습 방법을 권장한다. 무엇보다 진보주의는 교수와 학습과정을 적극적·협력적·변화적 과정으로 본다.

전통적 교육의 한계를 보완하고자 한 본질주의 교육

본질주의란 문화를 구성하는 가장 본질적인 것들을 교육을 통해 다음 세대에 계승함으로써 역사를 전진시키는 인적 자원을 길러내자는 교육사조다. 본질주의자들이 주장하는 개혁의 초점은 첫째, 교과서의 내용을 학문적으로 재검토하고, 둘째, 학교교육 프로그램 중에서 본질적인 것과 비본질적인 것을 구분하고, 셋째, 교사의 권위를 다시 회복하는 것이다. 본질주의는 근본적으로 교사의 권위와 교과중심 교육과정의 가치를 강조한다. 대표적인 인물로는 브리드(Frederick Breed), 호온(Herman H. Horne) 등이 있다.

　본질주의 교육은 진보주의 교육이 지닌 전통적 교육의 장점들을 소홀히 한 문제점과 한계를 보완하고 극복하기 위해 일어난 교육

운동이다. 이러한 본질주의의 교육적 입장은 다음과 같다. 첫째, 초등학교 교육과정은 읽기, 쓰기, 셈하기에 도움이 되는 기본적 도구 기능을 함양하는 데 목적을 두어야 한다. 둘째, 중등학교 교육과정은 역사, 수학, 과학, 문학, 국어, 외국어 능력을 함양하는 데 목적을 두어야 한다. 셋째, 학교 교육은 교과를 필요로 하며 동시에 정당한 권위의 존중을 필요로 한다. 넷째, 학습은 고된 훈련과 노력을 요구하는 과정이다.

교육 불변의 본질에 충실하고자 하는 항존주의 교육

항존주의는 진보주의 교육이념을 전면 부정하면서 등장하였다. 본질주의가 진보주의를 부분적으로 비판한 것에 비해 항존주의는 진보주의를 전면적으로 비판하였다. 예컨대 진보주의가 변화의 원리를 강조한 데 반하여 항존주의는 불변의 원리를 강조하고 있으며, 진보주의와 본질주의의 경우 과학주의, 세속주의, 물질주의와 관련 있는데 반하여, 항존주의는 반과학주의, 탈세속주의, 정신주의와 관련 있다. 대표적인 인물로는 학문중심교육, 교과중심교육, 고정불변의 진리를 강조한 허친스(R. M. Hutchins), 아들러(M. Adler), 마리땡(J. Maritain) 등이 있다.

항존주의 교육은 인간의 본질이 불변하기에 교육의 기본원리와 내용도 불변한다고 본다. 따라서 교육의 목적이 불변하는 진리의 탐구와 보급에 있다고 했다. 학교의 교육과정도 보편적이고도 불변하는 인간의 삶에 관한 주제들을 강조하며, 이성을 계발하기 위해 지적 교과를 중시하고, 정의적 태도의 계발을 위해 도덕적·심미적·종교적 원리들에 대한 탐구도 포함해야 한다고 주장한다.

선택과 책임에 대한 성찰을 강조한 실존주의 교육

실존주의는 현대문명의 비인간화에 대한 반항으로 등장하였다. 제1·2차 세계대전이 일어나기 이전에 현상학자인 후설(Husserl Edmund, 1859~1938)에 의해 철학의 관심을 인식론으로부터 존재론으로 전환시키자는 주장이 있었다. 그리고 그러한 주장은 제1·2차 세계대전의 비극적 체험을 통해 더욱 촉진되었다. 게다가 과학과 기술문명의 발달은 빈곤의 문제를 어느 정도 해결하였지만, 인간의 주체성을 말살하는 역현상도 발생시켰다. 이러한 시대적 상황 속에 실존주의가 생겨난 것이다. 대표적인 인물로는 니체(Friedrich Nietzsche), 하이데거(Martin Heidergger), 사르트르(Jean-Paul Sartre), 카뮈(Albert Camus), 메를로-퐁티(Maurice Merleau-Ponty), 부버(Martin Buber) 등이 있다.

　실존주의 교육에서는 개인을 "선택하는 행위자, 자유로운 행위자, 그리고 책임을 지는 행위자"로 규정하면서 개인으로 하여금 이러한 의식을 갖도록 일깨운다. 즉 실존주의는 완전한 자유 속에서 홀로 결단에 의한 개인적 선택을 하되, 자신의 선택에 대해 철저한 책임을 지도록 한다. 이런 의미에서 실존적 사고를 따르는 교육은 선택과 책임에 대한 깊은 개인적 성찰을 강조한다. 따라서 실존주의에서 교육이란 선택의 자유 그리고 선택의 의미와 그 선택에 대한 책임에 관해 의식을 일깨워주는 과정이다. 따라서 학교는 선택적 분위기를 조성하여야 하며, 학생이 하지 않으면 안 될 선택의 종류를 일방적 내지는 획일적으로 규정하여서는 안 된다.

교육 문제들의 본질을 언어의 문제로 본 분석철학 교육

분석철학은 20세기 전후 기존 철학에 대한 문제를 언어분석을 통해 비판해가면서 생겨난 철학이다. 기존 철학은 영원불변의 궁극적인 진리와 본질을 중심으로 발전해 왔으나, 과학과 수학의 발달로 고정불변에 대한 입장이 흔들리게 되었고, 19세기에 들어 다윈의 진화론으로 영원불변의 궁극적 진리와 본질에 대한 의구심이 생겨나던 시기에 등장한 것이다. 대표적인 인물로는 비트겐슈타인(L. Wittgenstein)과 러셀(Russell) 등이 있다.

　분석철학 교육은 많은 교육의 문제들을 본질적으로 언어의 문제라고 본다. 언어의 문제를 해결하면 교육 문제들을 더 잘 해결할 수 있을 거라고 믿는 것이다. 따라서 이들의 주요 관심이 언어분석을 통한 언어 명료화에 있기 때문에, 그들의 분석적 입장에서 저술한 교육철학 서적들에는 개념들의 분석, 교육행위에서 일어나는 문제와 논쟁점을 검토하고, 그러한 논쟁점이 명료성을 갖도록 분석하는 데 집중하고 있음을 알 수 있다.

개인에 초점을 맞추고 권위주의를 극복하는 포스트모더니즘 교육

포스트모더니즘[1]이라는 용어를 학문의 영역으로 끌어들인 사람은 리오타르(J. F. Lyotard)이다. 리오타르는 포스트모더니즘을 대서사 (grand narratives)에 대한 거부, 형이상학적 철학에 대한 거부, 그리고 총체적 사고에 대한 거부로 기술하였다. 근현대 사회는 모든 사람에게 보편적으로 적용되는 큰 주제, 즉 이론체계인 대서사를 구축해왔다. 이와는 반대로 포스트모던 사회에서는 지금까지 대서사에 의해 거부되고 억압되어온 소서사를 이야기한다. 즉 포스터모던 사회의 구성원들은 국가 발전, 역사적 진보 등과 같은 거창한 담론보다는 자신의 가정과 개인의 삶 등과 같은 자기주변의 것에 관심을 갖는다. 즉 대서사의 전체성과 보편적 이성을 거부하는 포스트모던 사회는 소서사가 주목받는 사회이다.

포스트모더니즘 교육은 소서사적 지식을 중시하고, 교육 현장 내에서의 작은 목소리를 존중한다. 그 외에도 과학적 및 합리적 이성의 극복과 그에 따른 감성적 기능 회복, 교육의 구조적 변화 촉발,

---

1. 포스트모더니즘의 몇 가지 기본 입장은 다음과 같다. 첫째, 반정초주의(anti-foundationalism) 는 궁극적인 절대적 기초가 존재한다고 보는 기존 철학의 기본 가정과 신념을 정초주의라 는 이름으로 비판하고 배격한다. 둘째, 다원주의(pluralism)는 상이한 사회와 집단들은 그 들의 특정한 필요와 문화에 적합한 가치를 구성한다는 입장이다. 셋째, 반권위주의(anti-authoritarianism)는 모든 지식이 생산자들의 이익과 가치를 반영한다는 점에서 권위집단(학 자, 성직자, 정치가 등)에 의해 형성된 지식과 가치가 비권위집단(학생, 시민 등)에 전달되지 말아야 한다고 주장한다. 넷째, 연대의식(solidarity)은 타인에게 해를 끼치는 억압적인 권력, 조종, 착취, 폭력 등을 거부하는 의식으로 공동체, 존중, 상호 협력의 정신을 증진시키고자 하 는 입장이다.

공교육체제에 대한 비판적 시각의 제공 및 대안교육의 실험교육 토대 마련, 교육 및 인간 이해에 대한 지평 확대, 보편성, 획일성, 전체성의 극복과 그에 따른 다양성과 다원성의 존중, 권위주의의 극복, 지엽적이고 특수한 삶의 문제들에 대한 의미 부여, 페미니스트 교육학의 발전적 토대 제공, 연대의식의 존중, 차이와 타자성 존중, 비판의식의 함양 등을 들 수 있다.

온고지신, 미래 교육철학을 전망하다

기원전부터 르네상스 이전까지 인간은 진리에 대한 탐구를 자연현상이나 인간의 사유를 통해 이해하고 파악하고자 하였다. 하지만 기독교의 등장으로 모든 문제의 답은 신의 존재와 능력이 중심이 되었다. 이후 르네상스를 계기로 진리에 대한 탐구와 교육적 접근은 신의 영역을 벗어나 인간과 자연으로 되돌아왔다.

인문주의 시기에는 '신의 능력'에서 '인간의 이성'으로, 신인문주의 시기에는 '이성(과학, 형식)'에서 '감성(정서, 내용)'으로, 진보주의·프래그머티즘 시기에는 '교사(지식)'에서 '학생(경험)'으로, 실존주의 시기에는 '객체(수용)'에서 '주체(책임)'로, 분석철학·포스트모던 시기에는 '성공(발전)'에서 '행복(만족)', '집단(획일, 통제)'에서 '개체(개성,

해방)'로 진리와 교육에 대한 관점과 대상, 주체 등이 변화해왔다.

이러한 변화의 모습을 시대적 흐름과 교육사조를 통해 정리하면 다음과 같다. 자연·인간은 신으로, 신의 능력은 인간의 이성으로, 이성은 감성으로, 교사 중심에서 학생 중심으로, 수용적 객체에서 책임 있는 주체적 자아로, 성공 중심에서 행복 중심으로, 집단 중심

진리와 교육에 대한 변화

시기	교육철학	진리와 교육에 대한 변화		
고대와 중세 BC 6c~ AD 14c	이상주의	우주 질서(절대주의)		-
	실재주의	인간 사고(상대주의)		-
	자연주의	물, 불, 태양 등(회의주의)		-
	신본주의	인간의 사유		신의 존재와 능력
르네상스~ 근대 14~18c	인문주의	신의 능력	→	인간의 이성
	실학주의	종교		과학
	계몽주의	종교		이성
근현대 18c말~19c초	신인문주의	이성(과학, 형식)		감성(정서, 내용)
현대 19c중~현재	진보주의 프래그머티즘	교사(지식, 암기)		학생(경험, 전이)
	실존주의 분석철학 포스트모던	객체(수용), 성공(발전) 집단(획일, 통제)		주체(책임), 행복(만족) 개체(개성, 해방)

에서 학생 개체 중심으로의 변화를 확인할 수 있다. 이는 미래교육의 초점이 앞으로 '학생(경험), 주체(책임), 행복(만족), 개체(개성, 해방)'로 향할 것이라는 점을 보여준다. 이러한 진리와 교육에 대한 변화를 통해 앞으로의 미래교육을 전망해보면 다음과 같이 몇 가지로 방향을 예상해볼 수 있다.

- 학습자 개개인의 수준과 상황에 따른 맞춤식 개별화 교육이 더욱 요구될 것이다.
- 유의미한 학습 경험을 다양한 온·오프라인 상황에서 스스로 선택하게 될 것이다.
- 책임 있는 학습자 개체의 개성과 자아를 온전히 발현할 수 있도록 교육환경이 변화할 것이다.
- 지구촌 어디서나 누구든지 어떠한 제한 없이 교육받을 수 있도록 국제적 공조가 강화될 것이다.

교육사조를 통해 살펴본 미래교육에 대한 전망은 최근의 코로나19로 인한 비대면 온라인수업 상황, 제4차 산업혁명에서의 첨단기술의 발전, 그리고 인류가 처한 다양한 공동의 문제로서의 인권, 기후, 식량, 공정, 성평등 등과 연결되면서 앞으로 더욱 빠르게 확산될 것으로 예상된다. 이러한 미래교육의 실제적 방향과 방법들은 앞으로 이어지는 내용들에서 좀 더 구체적으로 살펴볼 것이다.

세계는 지금
무엇에 주목하는가?

이제 학교는 단순히 학술적 지식을 연마하고 전수하는 데 머물러서는 안 된다. 미래학교는 창의적으로 생각하는 역량, 공동체에서 협업하는 역량, 변화에 융통성 있게 대응하기 위해 자율적·자발적으로 학습하는 역량, 그리고 인간성과 인간의 감성을 강화하는 인성 역량을 함양할 수 있는 기회를 부여하는 새로운 교육의 장으로 거듭나야 한다. 사회와 긴밀하게 미래 가치를 공유하며, 나아가 이러한 가치들이 학생들의 실제 삶에 적용될 수 있도록 적극적으로 도와주는 것이 어쩌면 더욱 중요할지 모른다. 이에 여기에서는 주요 국제기구들이 주목하는 미래 가치들을 통해 학교교육이 나아갈 방향성에 관해 살펴보려고 한다.

UN의 지속가능발전목표 중 양질의 교육
Sustainable Development Goal 4

2015년 UN(United Nations)은 전 세계 모든 나라가 2030년까지 달성해야 할 '지속가능발전목표'(Sustainable Development Goals: SDGs)를 선포하였다.

SDGs는 환경보존과 경제변영, 사회통합이라는 매우 포괄적인 내용을 포함하고 있다. 또한 SDGs는 평화로운 사회 증진과 제도라는 범주를 통해 폭력이나 분쟁 등의 문제에 대한 국제사회의 적극적인 대응 필요성도 제시하고 있다. SDGs는 5대 원칙과 그에 관한 17개의 목표와 169개 세부 목표로 이루어져 있다.

지속가능발전목표(SDGs)의 5대 원칙

SDGs의 5대 원칙은 지구(planet), 번영(prosperity), 사람(people), 평화(peace), 파트너십(partnership)이다.

첫째, 지구(Planet)는 **환경적 지속가능성**을 말한다. 인간의 개인적 · 집단적 행동은 지구 그리고 지구가 지탱하는 여러 생명체에 큰 부담을 준다. 인간은 환경 악화, 급속한 생물다양성 상실, 기후변화 등의 원인임이 명백하므로 인간의 활동은 이러한 과제에 대한 해결책도 제공해야 한다. 교육은 정부, 시민사회, 민간 부문과 공조

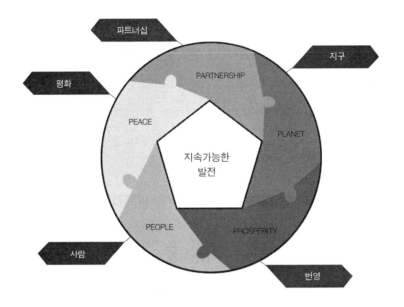

SDGs의 5대원칙
지속가능한 발전은 지구, 번영, 사람, 평화, 파트너십의 5대 원칙을 가진다.

함으로써 환경적으로 좀 더 지속가능한 사회로 변화하는 데 주요
한 역할을 할 수 있기 때문이다.

둘째, 번영(Prosperity)은 **지속가능하고 포용적인 경제**를 말한다. UN
의 교육 2030 실행계획이 성공을 거두려면 세계경제가 환경적으로
지속가능하고 포용적이어야 한다. 교육과 평생학습은 생산과 소비
를 지속가능하게 하고, 녹색산업의 창출에 필요한 기술을 제공한
다. 교육은 좋은 일자리와 적정 소득을 얻는 기회를 늘림으로써 빈
곤을 줄이고, 성별, 사회경제적 지위 및 그 밖의 차별에 따른 임금

격차를 좁히는 데 도움이 된다.

셋째, 사람(People)은 **포용적인 사회발전**을 촉진한다. 교육은 사회발전의 강력한 동력이자 핵심적인 측면이다. 교육은 사람들이 건강한 삶을 영위하고, 자녀의 삶을 개선할 수 있도록 하는 요체이다. 또한 소녀와 여성이 대다수를 차지하는 취약 인구의 권한을 강화함으로써 성평등을 증진할 수 있다.

넷째, 평화(Peace)는 **정치 참여, 평화, 정의에 대한 접근**을 말한다. 폭력을 예방하고 지속가능한 평화를 성취하기 위해서는 민주적인 대의제도와 원활하게 작동하는 사법체계가 필요하다. 교육은 정치적 참여, 포용, 옹호(advocacy), 민주주의를 위한 핵심 요소이다. 교육은 평화 구축의 중추적인 역할을 할 수 있으며, 평화 구축을 소홀히 했을 때 나타날 수 있는 좋지 않은 결과를 다룰 수 있도록 한다.

다섯째, 파트너십(Partnership)은 SDG4와 다른 SDGs **목표 달성을 위한 여건 조성**을 말한다. 2030 의제는 오늘날의 환경적 · 경제적 · 사회적 과제는 서로 분리될 수 없는 것으로서 통합된 대응이 필요하다고 본다. SDG17(글로벌 파트너십)은 SDGs 달성 수단을 명확하게 드러내는 한편, 활발한 글로벌 파트너십을 요구한다. SDG17의 세부목표들은 적정한 재원 조달을 보장하고 정책적 일관성을 증진하며 여러 이해관계자들과의 파트너십을 구축하기 위한 협력의 필요성을 포함한 여러 협력 방안을 강조한다. 이제부터 SDG의 17개 목표들에 대해 좀 더 이야기하려 한다.

SDGs 17개 목표

UN은 "누구도 소외되지 않게 한다(leaving no one behind)"라는 구호를 중심으로 2030년까지 국제사회가 함께 이행해야 할 지속가능발전목표(SDGs) 17가지를 다음과 같이 지정하였다.

01	NO POVERTY 빈곤퇴치		**10**	REDUCED INEQUALITIES 불평등 감소
02	ZERO HUNGER 기아종식		**11**	SUSTAINABLE CITIES AND COMMUNITIES 지속가능한 도시와 공동체
03	GOOD HEALTH AND WELL-BEING 건강과 웰빙		**12**	RESPONSIBLE CONSUMPTION AND PRODUCTION 지속가능한 생산과 소비
04	QUAILITY EDUCATION 양질의 교육		**13**	CLIMATE ACTION 기후변화 대응
05	GENDER EQUALITY 성평등		**14**	LIFE BELOW WATER 해양생태계 보존
06	CLEAN WATER AND SANITATION 깨끗한 물과 위생시설		**15**	LIFE ON LAND 육상 생태계 보호
07	AFFORDABLE AND CLEAN ENERGY 모두를 위한 깨끗한 에너지		**16**	PEACE, JUSTICE AND STRONG INSTITUTIONS 정의, 평화, 효과적인 제도
08	DECENT WORK AND ECONOMIC GROWTH 양질의 일자리와 경제성장		**17**	PARTNERSHIP FOR THE GOALS 글로벌 파트너십
09	INDUSTRY INNOVATION AND INFRASTRUCTURE 산업, 혁신, 사회기반시설			

SDGs 5대 원칙 위에 수립한 SDGs 17개 목표는 빈곤의 해소를 가장 본질적이고 궁극적인 지구적 과제이자 지속가능한 발전을 위한 필수요건으로 강조한다. 그리고 제시한 모든 목표들은 인권의 실현과 양성평등, 모든 여성과 소녀들의 역량 강화를 포함하여 지속가능발전의 세 가지 핵심축인 '환경보존', '경제번영', '사회통합'을 균형 있게 통합하고자 하는 고민을 반영하고 있다.

지속가능한발전의 세 가지 핵심축
지구 생태계 보전을 통한 환경 보전, 포용적 경제성장을 통한 경제번영, 평화롭고 정의로운 사회를 추구하는 사회통합의 세 가지는 지속가능한발전의 목표들이 궁극적으로 지향하는 바이다.

SDG4 (양질의 교육)

SDGs 17개 목표 중 교육과 관련된 4번 목표인 'SDG4(양질의 교육)'는 7개의 세부목표 및 3개의 실행목표를 담고 있다. SDG4는 SDGs를 구성하는 일부분일 뿐만 아니라, SDGs 전체의 성공을 좌우하는 요소이다. SDG4의 독립된 목표인 "포용적이고 공평한 양질의 교육 보장 및 모두를 위한 평생학습 기회 증진(Ensure inclusive and equitable quality education and promote lifelong learning opportunities for all)"에 담긴 교육 비전을 정리하면 다음과 같다.

첫째, 그 대상은 **모든 이(for all)**로 한다. 이는 소수의 우수한 인재 중심의 교육이 아닌 "누구도 소외되지 않게 한다"는 SDGs 전체 목표를 반영한 것이다.

둘째, **포용적이고 공평한 교육**을 추구한다는 정신 역시 SDGs의 기본 정신으로, 그동안 전 세계적으로 발전의 혜택이 소수의 국가와 계층, 민족에게 편향적으로 돌아갔음에 대한 반성이다.

셋째, **양질의 교육** 제공은 교육 기회의 양적 확대뿐만 아니라 교육의 질적 측면 역시 향상시키겠다는 SDG4의 새로운 비전이다.

넷째, SDG4는 **평생학습 기회 증진**을 그 비전에 포함시켰다는 점에서도 주목을 받는다. 교육의 수직적 단계 측면에서는 취학 전 영유아 교육부터 고등교육까지를, 교육의 수평적 영역 측면에서는 학교교육뿐만 아니라 평생교육, 직업교육, 지속가능발전을 위한 교육 등 다양한 영역을 포괄하고 있다. 이는 초등교육에 한정하여 개발도상국만을 위한 목표라고 비판받았던 과거와는 달리, 전 세계 국가들이 관심을 기울이는 평생학습을 선택함으로써 SDG4가 비단 개발도상국만의 이슈가 아닌 선진국을 포함한 전 세계 모든 국가의 이슈임을 보여주고 있다.

SDG4의 교육 비전은 인류 발전의 주요 원동력으로서, 그리고 다른 SDGs를 달성하는 데 있어 교육의 중추적 역할을 인식하며, 교육을 통하여 삶을 변화시키려는 것이다. 이러한 비전은 인권을 기반으로 하며 교육과 발전에 대한 인본주의적 시각에서 영감을 받고, 인권과 존엄성, 사회정의, 평화, 포용과 보호, 문화적·언어적·민족적 다양성, 공통의 책임과 책무성 등을 기초로 한다. 이를 달성하기 위해 SGD4는 총 7개의 세부목표와 3개의 실행목표를 설정하고 있는데, 구체적인 내용은 아래와 같다.

- 세부목표 4.1. (양질의 초등교육과 중등교육 보장) 2030년까지 모든 여아와 남아가 적절하고 효과적인 학습성과를 거둘 수 있도록 공평한 양질의 무상 초등교육과 중등교육의 이수를 보장한다.

- 세부목표 4.2. (영유아 발달 교육 및 취학 전 교육) 2030년까지 모든 여아와 남아가 양질의 영유아 발달 교육, 보육 및 취학 전 교육에 대한 접근을 보장하여, 이들이 초등교육을 준비할 수 있도록 한다.

- 세부목표 4.3. (양질의 고등교육 제공) 2030년까지 모든 여성과 남성에게 적정 비용으로 양질의 기술교육, 직업교육 및 대학을 포함한 고등교육에 대한 평등한 접근을 보장한다.

- 세부목표 4.4. (전문기술 및 직업기술을 지닌 청년과 성인의 수 향상) 2030년까지 취업, 양질의 일자리, 창업 활동에 필요한 전문기술 및 직업기술을 포함하는 적절한 기술을 지닌 청소년과 성인의 수를 실질적으로 늘린다.

- 세부목표 4.5. (교육 형평성) 2030년까지 교육에서의 양성불평등을 해소하고, 장애인, 토착민, 취약상황에 처한 아동을 포함한 취약계층이 모든 수준의 교육과 직업훈련에 평등하게 접근할 수 있도록 한다.

- 세부목표 4.6. (문해력과 수리력 성취) 2030년까지 모든 청소년과 상당수 성인 남녀의 문해력과 수리력 성취를 보장한다.

- 세부목표 4.7. (지속가능발전교육과 세계시민의식) 2030년까지 모든 학습자들이 지속가능발전 및 지속가능 생활방식, 인권, 양성평등, 평화와 비폭력 문화 증진, 세계시민의식, 문화다양성 및 지속가능발전을 위한 문화의 기여에 대한 교육을 통해, 지속가능발전을 증진하기 위해 필요한 지식 및 기술 습득을 보장한다.

- 실행목표 4.a. (학교시설) 아동, 장애, 성 인지적인 교육시설을 건립하고 개선하며 모두를 위한 안전하고 비폭력적이며, 포용적이고 효과적인 학습 환경을 제공한다.

- 실행목표 4.b. (장학금) 2030년까지 전 세계적으로 개발도상국, 특히 최빈국, 군소도서 개발국, 아프리카 국가 등의 직업훈련, 정보통신기술(ICT), 과학 및 공학 분야를 포함한 고등교육에 등록하도록 지원하는 장학금을 실질적으로 확대한다.

- 실행목표 4.c. (교사) 2030년까지 개발도상국, 특히 최빈국 및 군소도서 개발국에서 교사 훈련을 위한 국제협력 등을 통해 자격을 갖춘 교사 공급을 실질적으로 늘린다.

2019년 기준 전 세계적으로 2억 6천 4백만 명의 아동·청소년들이 학교에 다니지 않거나 못가는 상황에 처해 있다. 이러한 문제를 해결하고자 UN에서는 **교육 2030 실행계획**(Education 2030 Framework for Action)을 통해 국가, 지역, 글로벌 수준에서 SDG4를 이행하기 위해 노력하고 있다.

2020년 3월부터는 코로나19 팬데믹으로 인해 학업중지 학생 수가 더욱 증가하면서 약 8억 5천만에 이르는 학생들의 학습이 중단되었다고 한다. 이러한 위기 상황에서 UN의 SDG4(양질의 교육)의 목표인 "포용적이고 공평한 양질의 교육 보장 및 모두를 위한 평생학습 기회 증진"을 위한 다각적인 노력은 앞으로 한층 더 강화되어 갈 것으로 예상된다.

그러한 강화 노력으로 이루어지고 있는 '지속가능발전교육(ESD: Education for Sustainable Development)'과 '세계시민교육(GCED: Global Citizenship Education)'에 대해서는 다음에 이어지는 내용(03)에서 좀 더 구체적으로 다룰 것이다.

UNESCO의 유네스코협력학교
UNESCO Associated Schools

UNESCO(United Nations Educational, Scientific and Cultural Organization)는 교육, 과학, 문화 분야에서 국제협력을 촉진하여 세계 평화와 지속가능한 발전에 기여하는 UN 산하기구다.

UNESCO는 **교육 2030 실행계획(Education 2030 Framework for Action)**을 통해 국제사회가 교육개발협력 분야에서 2030년까지 지속가능

유네스코협력학교
유네스코는 교육2030 실행계획을 통해 교육개발협력 분야에서 지속가능발전목표를 이루기 위한 가이드라인을 제시하였다.

발전목표를 이루기 위한 가이드라인을 제시하고 있다.

무엇보다 SDG4(양질의 교육)의 중심인 지속가능발전교육(ESD: Education for Sustainable Development)과 세계시민교육(GCED: Global Citizenship Education)은, 전 세계 국가들에게 〈UN SDGs 국가평가 보고서(Voluntary National Reviews)〉 및 〈글로벌 지표 4.7의 달성을 위해 자국이 취하고 있는 조치〉에 관해 보고하도록 하여, 한층 더 강화된 이행을 촉구하고 있다. 이러한 UNESCO의 활동과 노력을 통해 전 세계가 UN의 지속가능발전목표 달성과 세계시민의식 함양을 위한 교육에 대해 주목하게 되었다.

UNESCO의 글로벌 교육

UNESCO의 글로벌 교육 주제인 '모두를 위한 교육(Education for All,

EFA)'은 전 세계적인 운동으로, 모든 사람들이 성별, 나이, 지역에 의한 차별 없이 평등하게 양질의 교육을 받아야 함을 목표로 한다. 이러한 목표를 달성하기 위한 UNESCO의 주요 기능을 정리하면 다음과 같다.

첫째, UNESCO는 국제사회가 당면한 **주요 이슈 연구 및 대응 전략을 수립(laboratory of Ideas)**한다. 인류 사회와 지속가능한 발전을 위하여 '세계문화유산', '모두를 위한 교육(Education for All, EFA)', '지속가능발전교육(Education for Sustainable Development, ESD)' 등 새로운 개념과 아이디어를 제안하고 실험하는 기능을 한다. 이를 통해 글로벌 의제(global agenda)를 설정한다.

둘째, UNESCO는 주요 **국제 이슈에 대한 규범을 마련(standard-setter)**한다. 국제사회에는 법을 제정하는 입법부가 없어서 국제기구가 대신 입법부의 역할을 하는데, UNESCO는 권고, 선언, 협약 등의 국제 규범을 마련하는 기능을 한다.

셋째, UNESCO는 **지식 정보의 수집과 보급(clearing house)**을 담당한다. 교육, 과학, 문화 분야에서 전 세계의 정보를 수집하고 분석하여 회원국에게 정보 자료를 공유한다. 예를 들어 '모두를 위한 교육' 사업의 성과에 대한 세계 모니터링 보고서(Global Monitoring Report, GMR), 기후변화교육 분야인 UNESCO's online database on Climate Change Education(CCE) 등이 있다.

넷째, UNESCO는 회원국들의 **역량 강화(capacity-builder)** 역할을 한

다. 회원국들의 역량을 강화하기 위해 재정을 지원하는 한편, 기술과 교육도 지원한다. 인적·물적·제도적인 지원은 회원국들이 납부하는 분담금을 통하여 충당되며 기술 지원으로 교육, 문화, 과학에 관한 전문적인 지식과 자문을 제공하고 있다.

다섯째, UNESCO는 국제협력을 위한 **촉매제 역할**(catalyst for cooperation)을 수행한다. 국제협력을 활성화하고 국가 간의 네트워크를 강화하기 위하여 UNESCO는 국제회의를 개최하고 네트워크를 형성하며 기념일을 제정하는 등의 다양한 활동을 진행하고 있다. UNESCO는 교육, 과학, 문화 분야에서 국제협력을 추진함으로써 세계평화에 기여하고 있다.

유네스코협력학교 (UNESCO Associated Schools)

UNECSO는 UNESCO의 이념이 이론적 논의에서만 그치지 않도록 그러한 이념들을 앞장서서 실천하는 학교로서 '유네스코협력학교(UNESCO Associated Schools)' 사업을 벌이고 있다.

유네스코협력학교가 근간으로 삼고 있는 UNESCO의 교육과 발전에 대한 비전은 '인간의 삶과 존엄성에 대한 존중', '평등한 권리 및 사회정의에 대한 존중', '문화 다양성에 대한 존중', '국제연대와 공동책임' 등과 같은 인류의 근간이 되는 원칙에 바탕을 두고 있다.

유네스코협력학교에서는 교육활동의 기본 주제(main topic)로 ① 범지구적 문제와 UN 및 UNESCO와 같은 국제기구의 역할, ② 지속가능발전교육, ③ 인권, 평화, 민주주의, ④ 문화 간 학습 등 4가지를 지향하고 있다. 유네스코협력학교의 역할은 크게 세 가지로, 간략히 정리하면 다음과 같다.

첫째, UNESCO의 이념과 정신 함양을 위한 촉매 역할을 위해 ① 세계시민성, 평화의 문화, 비폭력, ② 지속가능발전, 지속가능한 생활방식, ③ 문화 간 학습, 문화 다양성과 문화유산 존중의 세 가지 중점주제(thematic focus)를 바탕으로 UNESCO의 이념과 정신을 학교와 지역사회, 국제사회에 확산하는 역할을 하고 있다.

둘째, 유네스코학교 네트워크의 교류협력 촉진을 위해 전 세계 약 12,000여 개 유네스코협력학교들과 상호 교류 및 협력을 통해 UNESCO 세계시민교육의 다양한 사례와 경험을 공유함으로써 학생, 교사, 나아가 학교의 역량을 키워 나가고 있다.

셋째, 세계시민교육 확산을 위해 유네스코협력학교는 학생들이 포용적이고 책임감 있는 세계시민의 일원으로서 성장할 수 있도록 평화와 인권, 다른 문화에 대한 존중과 이해, 배려 등 UNESCO 세계시민교육이 지향하는 가치와 정신을 확산하는 데 앞장서고 있다.

유네스코협력학교는 UNESCO의 글로벌 교육 의제인 **모두를 위한 교육(Education for All, EFA)**을 실현하기 위해 '교육 2030 실행계획(Education 2030 Framework for Action)'의 주체적 역할을 수행하며, 국제사회와 지역, 그리고 개별 국가 속에서 모범을 보이며 앞장서

활동하고 있다. 특히, SDG4(양질의 교육)의 세부목표인 **4.7.(지속가능발전교육과 세계시민의식)**에 한층 더 중점을 두고, 이를 확산시키기 위한 노력을 강화해 나가고 있다.

　유네스코협력학교가 중점을 두고 있는 '지속가능발전교육(ESD: Education for Sustainable Development)'과 '세계시민교육(GCED: Global Citizenship Education)'에 관해서는 이어지는 내용(03)에서 좀 더 구체적으로 다룰 것이다(162~177쪽 참조).

IB
International Baccalaureate

IB(International Baccalaureate)는 1968년부터 스위스 제네바에서 UN 등 국제기구 주재원, 외교관, 해외 주재 상사의 자녀들을 위해 개발된 것이다. 이런 아이들은 어느 한 국가에서 만든 교육과정을 운영하는 학교를 안정적으로 계속 다니기 어렵다. 따라서 이러한 문제를 해결하기 위해, 어느 국가에서든 유용한 질 높은 교육을 제공하자는 취지에서 민간 비영리 교육 재단에서 개발한 교육과정 및 대입 시험체제다.

　이 체제는 비영리 교육 재단인 IB 본부(International Baccalaureate Organization)에서 총괄하고 있으며, 2019년 5월 기준으로 전 세계

153개국 5,093개 학교에서 6,816개의 IB 프로그램이 운영되고 있다. IB 본부에서는 교육과정 개발, 학생 평가, 교사 연수와 전문성 개발, 개별 학교에 대한 인증과 평가 업무를 담당하면서 교육의 질을 보장하기 위해 전방위적으로 노력하고 있다.

IB 프로그램

IB는 총 4가지 프로그램으로 이루어져 있다. 바로 초등 과정인 PYP(Primary Years Programme), 중등 과정인 MYP(Middle Years Programme), 고등 과정인 DP(Diploma Programme) 그리고 직업 과정인 CP(Career-Related Programme)이다.

이 중 고등 과정은 대학입시와 관련된 프로그램이라 1968년부터 가장 밀도 있게 운영되어 오며 역사적으로 검증되었다. 이미 유럽의 독일·스위스·노르웨이, 캐나다와 미국 일부 주정부 등은 오랫동안 IB를 대입 시험으로 활용해왔다. 물론 각국의 대입 시험이 존재하기는 하지만, IB 또한 대입 시험으로 인정해주는 것이다.

고등 과정과 달리 초등과 중등 프로그램은 교육과정이 아니라 프레임워크(Framework)만 제공한다. 전 세계 대부분의 국가에서 초등학교와 중학교는 그 나라의 국가교육과정을 적용한 의무교육에 해당한다. 그래서 IB의 초등학교와 중학교 프로그램은 콘텐츠를 규정하지 않고 프레임워크만 제공한 후 각 국가교육과정 및 콘텐츠를 넣어 구성할 수 있게 구조화되어 있다.

IB의 교육 목표

IB가 궁극적으로 추구하고 있는 목표를, 간략히 정리하면 다음과 같다.

- IB는 다른 생각들 간의 이해와 존중을 통해 좀 더 평화롭고 더 나은 세상을 만들도록 탐구심 있고, 박식하며, 남을 배려할 줄 아는 사람을 양성하는 것을 목표로 한다.
- 이를 위해 IB는 학교, 정부, 국제기구 들과 협업하여 국제적인 교육과 엄정한 평가의 도전적인 프로그램을 발전시켜 나간다.
- 이 프로그램은 전 세계 학생들이 좀 더 적극적이고, 공감력 있고, 자신뿐만 아니라 다른 사람들도 옳을 수 있다는 것을 이해하는 평생학습자로 성장하게 한다.

이상에서 정리한 바와 같이 IB는 교육목표에서부터 자신과 다른 생각을 틀린 생각으로 인식하지 않게끔 하는 것을 명시화하고 있다. 이것이야말로 비판적 사고, 창의적 사고를 기르는 가장 기본적인 패러다임이라고 할 수 있다. IB에서는 이러한 사고능력들을 함양하는 것을 단순 지식의 숙지보다 우선한다. 이러한 철학에 근거하여 IB는 교과서의 생각과 교사의 생각을 넘어 학생 각자의 생각을 개발하게끔 하는 교육구조를 형성하고 있다.

IB가 추구하는 인재상

IB에서의 가르침과 배움은 '탐구적 질문하기→수행하기→성찰적 생각하기→다시 탐구적 질문하기→수행하기→성찰적 생각하기→다시 탐구적 질문하기'의 **구성주의적 접근**으로 이루어진다. IB 교육은 학생들이 독립적이면서도 협력적인 평생학습자가 될 수 있도록 이끌어준다. 이러한 탐구적 질문, 수행, 성찰적 생각의 역동적인 교육 경험 등을 통해 복잡미묘한 글로벌 과제들에 대응할 수 있는 역량을 준비시키는 것이다.

- **탐구하는 사람**(Inquirers): 호기심과 탐색적 질문과 연구를 위한 역량이 있는 사람.

- **지식을 갖춘 사람**(Knowleadgeable): 교과 구분을 망라하여 지역적, 세계적으로 중요한 이슈와 아이디어를 탐구하고 깊이 있는 지식과 개념을 이해하는 사람.

- **생각하는 사람**(Thinkers): 비판적, 창의적 사고 역량을 활용하여 복잡한 문제를 분석하고 해결하여 합리적이고 윤리적인 판단을 내릴 수 있는 사람.

- **소통할 줄 아는 사람**(Communicators): 효과적으로 협업하고 다른 관점을 귀 기울여 경청할 줄 알며, 자신의 의견을 한 가지 이상의 언어나 혹은 그 밖에 다른 여러 방법으로 자신 있게 창의적으로 표현할 수 있는 사람.

- 원칙과 소신이 있는 사람(Principled): 진실하고 정직하며 공정하고 정의로운 사람, 인간의 존엄성과 인권을 존중하는 사람, 자신의 행동과 결과에 책임지는 사람.

- 열린 마음을 지닌 사람(Open-minded): 우리 각자의 문화와 개인사들을 이해하고, 다른 이들의 가치와 전통을 존중하는 사람, 다양한 관점을 찾고 평가하며 그러한 경험을 통해 기꺼이 성장하려는 사람.

- 남을 배려하는 사람(Caring): 공감하고 측은지심과 존중심을 가지며 타인의 삶과 세상에 긍정적 변화를 만들기 위해 행동하고 봉사하는 사람.

- 위험을 감수하고 도전하는 사람(Risk-takers): 불확실성에 대해 심사숙고하면서도 결단력 있게 도전하는 사람, 새로운 아이디어나 혁신적 전략 탐구를 위해 독립적이면서도 협동적으로 일할 수 있는 사람, 과제나 변화에 직면해서도 굴복하지 않고 다시 일어서는 사람.

- 균형을 갖춘 사람(Balanced): 자신과 타인의 행복을 위해 우리 삶의 지적, 물리적, 정서적 균형의 중요성을 이해하고, 우리가 살고 있는 세상에서 타인들과의 상호 의존성을 인식하는 사람.

- 성찰하는 사람(Reflective): 세계와 자신의 생각과 경험을 성찰하는 사람, 배움과 자기 계발을 위해 자신의 장단점을 이해할 수 있는 사람.

IB 프로그램의 수업 원리

이상에서 정리한 인재상을 키워내기 위해 IB 프로그램에서는 다음과 같은 원리를 적용하여 수업을 만들어간다.

- **탐구적 질문에 기반**: 학생들이 스스로 정보를 찾고 이해한 바를 구성하는 것을 매우 중요하게 강조한다. 기존의 개념을 좀 더 명확히 이해하기 위한 명료화 질문을 넘어, 교사나 교과서가 정해준 내용이 아닌 전적으로 학생 스스로 탐구형 질문을 발굴하도록 한다.

- **개념 이해의 강조**: 개념 이해를 심화하고, 연계성을 찾아내어 학생들에게 새로운 맥락(상황)으로 전이 학습이 일어나도록 한다. 필요한 정보들은 시험 볼 때 주어진다. 예컨대 화학 시험에서는 주기율표가 주어지고, 수학 시험에서는 공식집이 주어진다. 낱낱의 정보를 암기할 것이 아니라 생각의 틀을 형성하게 하는 개념과 이론을 매우 탄탄하게 이해할 것을 강조한다. 그래서 중요한 개념에 대해서는 이해도를 높이기 위해 다각도의 방법으로 과제를 수행하게 한다.

- **지역적이고 국제적인 맥락 이해와 연결**: 실제 삶의 맥락과 실례(지역적)를 가르침으로써, 학생들이 자신의 고유한 경험과 그들을 둘러싼 세계(국제적)를 연결해서 새로운 정보를 처리할 수 있도록 한다. IB는 반드시 자신의 지역적 정체성을 기를 수 있도록 구성되어 있다. 다만 이를 자기 지역 속에서만 바라볼 것이 아니라 글로벌 맥락에서도 이해할 수 있도록 하여 확장된 시야를 기를 수 있게 한다.

- **효과적 팀워크와 협력에 집중**: 팀워크를 촉진하고 학생들 사이에, 그리고 교사와 학생 간에 협력적 관계도 구현한다. 혼자 공부하는 것보다 팀으로 협력해야만 고득점을 받을 수 있는 과제가 매우 많기 때문에 협업능력의 배양이 필수적이다.

- 학습의 장벽이 되는 국가 간, 지역 간, 계층 간의 경계를 제거한 개별화: 수업은 포괄성, 다양성을 중시하고 학생들의 정체성을 강화하여, 모든 학생이 적절한 개별 학습 기회를 만드는 것을 목표로 한다. IB는 국제적인 마인드야말로 개별 지역적 정체성을 인정하고 존중하는 포괄성과 다양성을 존중하는 인식에서 비롯된다고 본다. 포괄성과 다양성의 존중에는 지역적 정체성을 인정하는 것을 넘어 개인적 차이를 인정하는 것도 포함된다. 예를 들어, 장애인을 비장애인과 동일한 조건에서 달리게 해서 그 능력을 측정하는 것이 공정하지 않듯이, 인지적 문제를 진단받은 학생의 경우에는 그에 맞는 학습 환경 및 평가 조건을 배려해주는 것이 진정한 개별화 교육이라고 본다.

- 평가 정보의 활용: 평가는 측정뿐만 아니라 학습을 촉진하는 데에 중요한 역할을 한다. 그래서 학생들에게 효과적인 피드백을 자주 제공할 것을 강조하고 있다. IB에서는 평가를 자주 하는 편이지만, 대부분 다음 학습을 위한 정보로 활용하기 위한 것일 뿐, 중간의 모든 형성 평가를 누적하여 합산하지 못하게 한다. 이는 모든 아이가 동일한 속도로 배운다고 생각하지 않기 때문이다. 그래서 IB는 중간 과정의 시험 결과를 모두 합산하지 않는 정책을 추구한다. IB 교육에서 평가의 목적은 서열을 매기는 것이 아니라 학업 성취목표에 도달하도록 독려하고 촉진하는 정보로서 역할을 하는 데에 있다. 즉 IB는 고도의 과정중심 평가이다. 다만 학습 과정을 단계별로 쪼개서 이를 각각 점수화하여 합산하는 방식은 지양한다.

IB의 6개 과목 그룹

그룹 1 : 모국어

모국어에 대한 문화적 유대 강화 및 Oral(말하기) 및 Essay Written(작문) 언어능력 개발을 교과 목표로 수업을 진행

그룹 2 : 외국어

제2언어로 학생의 제2언어 활용 수준에 따라 상급, 중급, 하급 과정들을 선택할 수 있는데, IB 과정을 시행하고 있는 각 학교별 제공 프로그램에 따라 차이가 있다. 각 국가별로 IB 학교들은 대부분 제2언어로 그 나라의 언어 과정을 제공하며, 일부 학교에서는 프랑스어, 스페인어, 일어, 중국어 등의 초급 과정들을 제공한다.

그룹 3 : 개인과 사회 (예: 경제, 지리, 역사)

이 그룹에는 경영, 경제, 지리, 역사, 정보 기술, 철학, 심리학, 사회학, 문화 인류학 등이 포함된다.

그룹 4 : 과학 (예: 생물학, 화학, 물리)

과학 그룹에는 생물, 화학, 물리, 환경, 기술 등의 과목에 실험실 실습 및 공동 연구 과정이 포함된다. 또한 학생들에게 과학기술의 발전에 더해지는 도덕 및 인류적 문제 인식, 지역사회 및 세계적 문제에 대한 학습을 통해 사회적 책임감을 인식하도록 교육한다.

그룹 5 : 수학 (예: 수학, 수학 연구)

수학 그룹에는 학생의 능력 및 관심에 따라 Mathmatics HL(상위 레벨), Mathmatics SL(표준 레벨), Mathmatics LL(하위 레벨)의 3가지 다른 과정들 중 필수적으로 한 과목을 선택해야 한다. Mathematics HL(상위 레벨)을 선택한 학생의 경우 Further mathematics(고급 수학)을 추가로 한 과목 더 선택 가능하지만 필수는 아니다.

그룹 6 : 예술 (예: 음악, 연극 예술, 시각 예술)

예술 그룹에는 미술, 음악, 공연예술 등의 과정들이 있으며, 이를 통해 학생들은 창조적 예술 작업들을 탐구한다. 단, 그룹 6 과정을 원치 않는 학생들은 그룹 1~4 과정 중에서 한 과목을 추가로 선택하거나 그룹 5의 Further mathematics를 추가적으로 선택할 수도 있다. 또한 School-based syllabus(SBS: 학교 자체 교과) 규정에 따라 학교에서 자체 교과 과목(SL 과목)을 제공하는 경우에는 학생들이 그룹 2, 3, 4, 6 들 중 한 과목을 대체하여 선택할 수 있다.

IB의 고등 과정(DP) 이수를 위한 필수 과정

IB는 기본적으로 모국어와 수학, 과학 등 6개 과목 그룹을 이수해야 한다(자세한 내용은 140~141쪽 글상자 참조). 다만 IB의 고등 과정인 DP(Diploma Progamme)를 이수하기 위해서는 6개 그룹의 학습 외에도 다음과 같은 과정들을 모두 이수해야 한다.

- 지식론 (TOK: Theory of Knowlege): TOK는 IB의 학업 과정으로서 이루어지는 내부 및 외부에서 얻어지는 지식과 경험에 대한 본질적인 숙고를 강화하기 위한 코스다. 이를 통해 학생들은 지식의 근간에 대한 의문, 실체와 이론에 대한 자각, 증거를 분석하여 합리적 논쟁을 하는 방법들을 학습하게 된다. 한 마디로, 지식이 어떻게 학습되는가를 배우는 과목이라고 할 수 있다.

- 창의·체험·봉사 (CAS: Creativity, Action, Service): 이 과정은 외부 활동 과정으로 학생들이 학문 이외의 삶이나 활동의 중요성을 알게 하는 데 목적을 두고 있다. 학생들은 자신의 에너지와 재능을 발휘할 수 있는 최소 150시간의 학문과 관련이 없는 외부 사회활동을 통해 공부로 인한 심리적 압박감에서 벗어나 균형 있는 생활을 유지하고 다른 사람과의 관계, 협업능력 등을 개발한다.

- 소논문 (EE: Extended Essay): 학생들은 자신이 관심 있는 분야를 독자적으로 조사하여 4,000자 내외의 에세이를 작성하게 된다. 단순한 에세이 수준의 글이 아니라 대학교 학사 수준의 소논문 정도까지의 학업

능력을 요구하며, 이를 통해 장차 대학에서 공부할 때 요구되는 자료 조사 및 작문능력 등을 학습할 수 있다.

IB의 초등(PYP), 중등(MYP) 프레임워크

IB의 초등 과정인 PYP(Primary Years Progamme)과 중등 과정인 MYP(Middle Years Programme)의 과정은 고등 과정인 DP와 달리 프레임워크(Framework)만 제시하고 있다. 전 세계 대부분의 국가에서 초등학교와 중학교는 그 나라의 국가교육과정을 적용한 의무교육이기에, IB의 초등 과정과 중등 과정 프로그램은 콘텐츠를 규정하지 않고, 프레임워크만 제공한 후에 각 국가교육과정 및 콘텐츠를 넣어 구성할 수 있도록 한 것이다.

IB에서는 교사들이 단원 수업 설계를 할 때 학생들이 배우게 될 역량을 먼저 주요 개념에서 선택하도록 하고 있다. 그리고 이를 배울 수 있는 교과를 선정하여 교과 영역별 관련 개념을 선택한 후, 이를 글로벌 맥락과 연계하여 구체적인 탐구 수업 설계를 하도록 안내한다.

중학 과정 프로그램(MYP)의 글로벌 맥락(Global context)은 탐구 질문을 글로벌 마인드에 맞게 구성할 수 있도록 출발점을 제공하고 있다. 그리고 이것은 초등학교 프로그램(PYP)의 융합 교과적(Transdisciplinary) 주제들과 서로 깊이 이어져 있다. 중학교 교사들은 주요 개념, 관련 개념, 글로벌 맥락 등을 도구로 하여 각 국가교육과정의 교육 내용을 바탕으로 학생들이 탐구하게 될 질문과 수행과제를 설계하는 한편, 이에 기반한 평가를 개발한다. 특히 이 과정에 IB 10가지 학습자상이 어떻게 반영되었는지, 학습접근(ATL: Approach to Learning)이 어떻게 반영되었는지 등을 세심하게 점검하며 설계한다. IB의 학습접근은 다음과 같으며, 우리 교육에서의 '역량'에 해당한다고 볼 수 있다.

- 사고력(thinking skill) : 비판적 사고, 창의적 사고, 전이
- 사회적 기능(social skill) : 협업
- 의사소통 기능(communication skill) : 의사소통
- 자기관리기능(self-management skill) : 조직, 정서관리, 성찰
- 연구 기능(research skill) : 정보 리터러시, 미디어 리터러시

IB의 초등 과정 프로그램(PYP)에서는 6개의 융합교과적(Transdisciplinary) 주제가 있는데, 이것이 지식을 탐구하고 구성하는 프레임워크(Framework)를 제공해준다. **융합교과적 접근**이라 함은 IB에서 "상호 연결되어 있고 교과를 망라하여 실생활에 적용될 수 있는 개념"을 나타내기 위해서 사용하는 단어다. 이에 따라 교사들은 전통적인 교과(수학, 과학, 사회, 언어 등)들을 이러한 융합교과적 주제 틀에 넣어 탐구 학습 단원 설계를 하도록 안내된다. 이렇게 함으로써 학생들이 개념에 대해 좀 더 풍부하고 심도 있는 이해를 도모하고 개

IB 초등 과정과 중등 과정의 비교

구분	초등 과정 (PYP)	중등 과정 (MYP)
글로벌 맥락 Global Context	**융합 교과적 주제 (Transdisciplinary)** ① 우리는 누구인가? (Who we are?) ② 우리가 있는 시간과 공간은 어디인가? (Where we are in place and time) ③ 어떻게 우리 자신을 표현하나? (How we express ourselves) ④ 어떻게 세상은 돌아가나? (How the world works) ⑤ 어떻게 우리를 조직하는가? (How we organize ourselves) ⑥ 지구를 공유하기 (Sharing the planet)	**글로벌 맥락 (Global Context)** ① 정체성과 관계 ② 시간과 공간의 방향성 ③ 개인적 문화적 표현 ④ 과학 기술 혁신 ⑤ 세계화와 지속가능성 ⑥ 공정성과 개발
주요 개념 key concepts	① 형태(form) : 어떠한가? ② 기능(function) : 어떻게 작동하나? ③ 인과관계(causation) : 왜 그런가? ④ 변화(change) : 어떻게 변화하나? ⑤ 연결(connection) : 다른 것과 어떻게 연결되나? ⑥ 관점(perspective) : 관점은 무엇인가? ⑦ 책임(responsibility) : 우리의 책임은 무엇인가? ⑧ 성찰(reflection) : 우리가 어떻게 알 수 있는가?	① 심미(aesthetics) ② 변화(change) ③ 의사소통(communication) ④ 공동체(communities) ⑤ 연결(connections) ⑥ 창의성(creativity) ⑦ 문화(culture) ⑧ 발달(development) ⑨ 형태(form) ⑩ 글로벌 상호작용(global interaction) ⑪ 정체성(identity) ⑫ 논리(logic) ⑬ 관점(perspective) ⑭ 관계(relationships) ⑮ 시간, 장소, 공간(time, place and space) · 체제(system)
관련 개념 related concept	• 교과별로 세부적인 관련 개념 제공(중등은 교과별 12개씩 제시) • 교사들은 관련 개념들을 도구로 하여 수업을 설계 • 관련 개념은 수업 지도안의 탐구 질문을 만들 때 발판으로 작용 • 관련 개념은 교과 간 및 학문 간 학습을 연결시켜줌으로써 교과 영역의 이해를 심화	

넘 간 연관성을 얻을 수 있다.

또한 자기 지역에서 발생한 문제에 대해 국지적인 수준의 이해에 머물지 않게 하고, 국제적인 맥락과 연계하여 이해할 수 있도록 하고 있다. 이를 위해 각국의 IB 학교들이 소속 국가의 국가교육과정을 통합할 수 있는 기회를 제공한다. 아울러 학생들에게 교과영역 학습의 범위를 넘어 그 이상의 깊은 생각으로 발전시켜볼 수 있는 역량을 기르도록 한다.

OECD의 교육2030
Education 2030

OECD(Organization for Economic Cooperation and Development)는 세계경제의 공동 발전과 성장 그리고 인류의 복지 증진을 도모하는 정부 간 정책연구 협력기구로, 세계무역기구(WTO), 국제통화기금(IMF), 세계은행(WB), 선진 주요 7개국(G7) 등과 상호 협력해가며 국제 경제 안정과 인류 사회 문제 전반에 걸쳐 수시 논의 및 협력을 추진하고 있다. 2020년 8월 기준으로 전 세계 37개국이 가입되어 있다. OECD는 1997년 'DeSeCo(Definition and Selection of key Competences)프로젝트'를 통해 학교교육에 역량을 도입하는 교육개혁을 본격 추진하였다.

2015년부터는 'Education 2030' 프로젝트를 통해 미래역량 교육의 의미와 방향을 다시 세우고, 이를 통해 새로운 미래교육의 모습을 제시하기 위한 연구를 추진하고 있다. 초기의 DeSeCo 프로젝트에서 제시한 역량 교육의 한계를 극복하고 좀 더 체계적이고 장기적인 미래교육 비전을 제시하고자 Education 2030 프로젝트를 추진하고 있다. 그러한 차원에서 Education 2030 프로젝트는 DeSeCo 프로젝트의 2.0 버전으로도 불리기도 한다. OECD는 2015년부터 Education 2030 프로젝트를 추진하였고, 1주기 사업을 '무엇을 가르칠 것인가', 2주기 사업으로는 '어떻게 가르칠 것인가'를 주제로 연구를 진행하고 있다. 다음의 학습나침반 2030(148쪽 참조)은 1주기 사업의 결과물로 기존의 연구 결과물을 단순화하여 2019년 5월에 발표되었다.

OECD 학습나침반

OECD는 학습나침반 도식을 통해 Education 2030이 나아가야 할 방향을 제시하고 있다. 학습나침반이 지향하는 교육의 최종 목적은 '개인과 사회의 웰빙'이며, 이는 학생들이 자기 주변의 일에 관심을 갖고 책임감 있게 생각하고 참여함으로써 이루어지는 것으로 보았다. 이렇게 자신의 삶에 책임감을 갖고, 나와 사회의 성장에 기여하는 학생의 모습을 '학생 행위주체성(Student Agency)'이라는 개념으로 제시하였다. 그리고 '협력적 행위주체성(Co-Agency)'이라는 개념을 들어

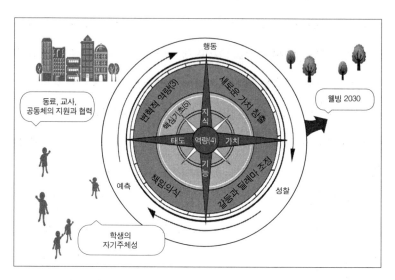

OECD 2030 학습 나침반

OECD는 학생들이 개인과 사회의 웰빙(Well-being)을 위해 필요한 '역량(Competences)'으로 지식, 기능, 태도와 가치를 제시하였다.

또래(peers), 교사(teachers), 학부모(parents), 지역사회(communities)를 함께 제시하며 교육의 협력적 참여를 강조하고 있다.

OECD는 학생들이 개인과 사회의 웰빙(Well-being)을 위해 필요한 '역량(Competences)'으로 지식, 기능, 태도와 가치를 제시하였다.

- 지식(Knowledge): 세상을 이해하는 데 도움이 되는 사실, 개념, 아이디어, 이론 등을 말하는데, 하위 영역으로 학문적 지식, 간학문적 지식, 인식론적 지식, 절차적 지식으로 나뉘어진다.
- 기능(Skills): 목적을 성취하기 위해 책임감 있는 방식으로 지식을 활용하

고 과정을 수행해 나갈 수 있는 능력으로, 하위 영역으로 인지·메타인지적 기능, 사회·정서적 기능, 신체·실용적 기능으로 나누었다.

- 태도(Attitudes)와 가치(Values): 학생의 선택, 판단, 행동에 영향을 미치는 원리이자 신념으로 개인적, 지역적, 사회적, 세계적 범주로 나누었다.

그리고 학생들이 이러한 역량을 쌓기 위해 반드시 갖추어야 할 '핵심기초(Core foundations)' 기능도 제시하였다. 문해력(Literacy), 수리력(Numaracy), 디지털 활용능력(Digital Literacy), 데이터 활용능력(Data Literacy), 건강 기초(Health Foundation)가 5가지 핵심기초 기능이다.

이러한 학생들의 4가지 '역량'과 5가지 '핵심기초' 기능을 바탕으로 사회를 변혁하고 더 나은 미래의 삶을 만들어가는 데 요구되는 핵심역량을 '변혁적 역량(Transformative Competence)'이라고 부른다. 변혁적 역량은 ① 새로운 가치 창출하기, ② 갈등과 딜레마 조정하기, ③ 책임감 갖기로 구성된다. 이러한 변혁적 역량은 개인과 사회의 웰빙(well-being)을 위해 전 생애에 걸쳐 반복적으로 개발되고 활용되어야 한다는 점에서, 그 성장의 프로세스를 'AAR 사이클'로 표현하고 있다. AAR 사이클이란 학생들이 미래를 **예측(Anticipation)**하고, 자신이 원하는 미래를 만들기 위해 **행동(Action)**해야 하며, 그 결과를 **성찰(Reflection)**하며 계속 성장해 나가는 것을 의미한다.

OECD Well-being 2030과 UN SDGs와의 연결성

※자료: OECD, 2018

OECD Well-being	UN Sustainable Development Goals
1 Jobs	8 Decent work and economy growth 9 Industry, innovation, and infrastructure
2 Income	1 No poverty 2 Zero hunger 10 Reduce inequalities
3 Housing	1 No poverty 3 Good health and well-being
4 Work-life balance	3 Good health and well-being 5 Gender equality 8 Decent work
5 Safety	16 Peace, justice and strong institutions
6 Life satisfaction	UN SDGs의 모든 목표와 연관됨
7 Health	3 Good health and well-being
8 Civic engagement	5 Gender equality
9 Environment	6 Clean water and sanitation 7 Affordable and clean energy 12 Responsible consumption and production 13 Climate action 14 Life below water 15 Life on Land
10 Education	3 Good health and well-being 4 Quality education 5 Gender equality
11 Community	11 Sustainable cities and communities 17 Partnership for the goals

OECD Education 2030의 궁극적인 목표인 'Well-Being 2030'은 UN 의 'SDGs'와 그 맥을 같이하고 있으며, 이들을 연결지어 정리해보면 왼쪽 표(150쪽 참조)와 같다.

OECD '교육 2030' 프로젝트

OECD의 교육 2030(Education 2030) 프로젝트가 DeSeCo 프로젝트 2.0 버전으로 불리는 것은 1.0 버전과 마찬가지로 인류가 미래 사회를 살아가는 데 필요한 '핵심역량'을 함양하는 교육을 중심으로 교육 비전을 제시하고 있기 때문이다. 그럼에도 불구하고 1.0 버전과 2.0 버전은 그 목표와 역량에 있어 커다란 차이를 보여준다.

DeSeCo 프로젝트와 OECD의 Education 2030 비교

구분	DeSeCo 프로젝트	Education 2030 프로젝트
추진기간	1997-2003	2015-2030
추진목표	개인·사회의 성공(success) (개인과 사회의 이익)	개인·사회의 웰빙(well-being) (개인과 사회의 보다 나은 방향)
핵심역량	핵심(key) 역량	변혁적(transformative) 역량
중심역량	① 여러 도구를 상호작용적으로 사용하기 ② 이질적인 집단에서 상호작용하기 ③ 자율적으로 행동하기	① 새로운 가치 창출하기 ② 긴장과 딜레마 조정하기 ③ 책임감 갖기
학생역할	성찰(reflectiveness)	학생 행위주체성(student agency)

주요 차이점을 정리해보면 추진목표, 핵심역량, 중심역량, 학생역할 등 모든 부분에서 보여지는 변화의 경향성이다. 즉 개인과 사회의 '성공'에서 '웰빙'으로, 개인적 '자율성'에서 사회적 '책임감'으로, 자신에 대한 '성찰'에서 자신의 행위에 대한 '주체적 존재'로의 변화다.

이러한 OECD 교육 2030의 목표와 역량 변화는 앞의 장에서 다루었던 '포스트모더니즘 교육철학'의 흐름, 그리고 UN과 UNESCO에서 제시하고 있는 'SDGs가 추구하는 가치'와 그 방향성을 함께하고 있음을 알 수 있다.

WEF의 교육 4.0
Education 4.0

WEF(세계경제포럼, World Economic Forum)의 연례총회인 다보스포럼(Davos Forum)은 전 세계 정치 및 경제 지도자 3,000여 명이 참석하는 세계 최대 포럼으로 1971년부터 시작되었다. 이 포럼에서는 전 세계의 경제 상황을 개선하기 위해 그에 대한 의견을 함께 나누고, 여기에서 논의된 사항은 세계무역기구(WTO), 선진 주요 7개국 정상회담(G7), 그리고 UN과 UNESCO 등의 다양한 국제기구에 많은 영향을 미치고 있다.

21세기에 꼭 필요한 기술

2015년 WEF는 다보스 포럼에서 21세기를 살아갈 학생들에게 필요한 스킬(21st-Century skills) 16가지를 제시하였다. 이러한 16가지 스킬은 크게 기초 소양, 역량, 인성 자질의 3가지 영역으로 구분하고 있으며, 각 영역이 지닌 내용을 정리하면 다음과 같다.

- 기초 소양 (Foundational Literacies) : 학생들이 핵심 기술을 일상 업무에 적용하기 위한 기본적인 소양으로, 글을 읽고 쓸 줄 아는 문해력, 사칙연산을 할 수 있는 산술능력, 과학적 소양, ICT 소양, 금융 소양, 문화적인 시민의식 등 6가지를 꼽았다.
- 역량 (Capacities) : 학생들이 복잡한 과제에 어떻게 접근하는지에 관한 역량으로, 비판적 사고력 및 문제해결능력, 창의력, 의사소통능력, 협업능력 등 4가지를 들었다.
- 인성 자질 (Character Qualities) : 학생들이 변화하는 환경에 어떻게 접근해야 하는지에 대한 성향으로, 호기심, 진취성, 지구력, 적응력, 리더십, 사회문화적 의식 등 6가지를 제시하였다.

WEF가 2015년 다보스포럼에서 제시한 이러한 16가지 기술들은 2016년 다보스포럼에서 클라우드 슈밥(Klaus Schuwab) 회장이 화두로 던진 '제4차 산업혁명(the 4th Industrial Revolution)' 시대를 살아가고 있는 지금의 상황에서 계속 강조되고 있는 내용이다.

2020 세계 위험 보고서

WEF의 2020년 다보스포럼의 핵심 주제는 '결속력 있고 지속 가능한 세계를 위한 이해관계자들(Stakeholders for a Cohesive and Sustainable World)'이었다. 포럼이 열린 지난 1월에는 코로나19 팬데믹이 선언되기 이전이라 기후변화가 주된 의제로 논의되었다.

WEF가 발간한 〈2020 세계 위험 보고서〉에는 인류가 마주할 가장 큰 위협 1위로 '기상이변'을 꼽았다. 2~5위도 기상 이변과 같이 환경과 관련된 문제들이 꼽혔다. '기후변화 대응 실패', '자연재해', '생물다양성 손실', '인간 유발 환경 재난'을 2020년대 인류가 마주할 가장 큰 위협들로 판단한 것이다. 이렇게 기후위기 관련 내용이 1~5위를 모두 채운 것은 WEF가 연례보고서를 펴내기 시작한 2007년 이후 처음이다.

기후변화 이외에도 포럼의 기본 주제는 ▷미래의 건강(Health Future) ▷미래 사회와 일자리(Society & Future of Work) ▷선의를 위한 기술(Tech for Good) ▷지구 살리기(How to save the Planet) ▷더 나은 비즈니스(Better Business) ▷지정학을 넘어 (Beyond Geopolitics) ▷공정경제 (Fairer Economies) 등이었다.

특히, 기술혁명으로 발생하는 국가 간 기술 냉전, 국가 이기주의가 빚어낸 경제 갈등 등에 대한 해법을 찾기 위해 이해관계자들의 결속력을 강화하는 동시에 새로운 사고 및 행동 방식을 만들어 지속가능한 세계를 건설해야 한다는 데 기본인식을 함께했다. 그리고 기술혁명이 노동시장의 변화를 주도하는 가운데, 교육개혁, 평생학습, 재교육 등을 통해 미래 사회에서 개인의 경쟁력을 유지하고 경제적 기회를 가질 수 있도록 여건을 제공해야 한다는 데에도 인식을 같이하고 있다.

이에 WEF는 한층 더 포괄적이고 결속력을 지니며, 생산적인 미래를 만들 수 있는 능력을 갖추도록 새로운 초·중등 교육 시스템의 도입을 주장하였다. 일자리 혼란, 새로운 기술에 대한 수요, 사회적 양극화 확산이라는 측면에서 초·중등 교육 시스템의 전환이 무엇보다 필요하다는 것이다. 즉 미래의 노동자들을 위한 교육뿐만 아니라 오늘날의 노동자들을 위한 새로운 기술을 제공할 수 있는 기반의 마련이 시급하다는 것이다.

교육 4.0

이에 새로운 모델, 새로운 표준 등 미래교육을 바꾸는 이해관계자들의 광범위하고 혁신적인 연합을 통해 '교육 4.0(Education 4.0)'의 추진을 제안하게 되었다.

특히, 최근의 코로나19 팬데믹으로 인해 더 많은 자극과 위기감이 형성되었고, 새로운 기술을 노동자에게 전달하기 위해 필요한 조치, 학습과 훈련을 위한 새로운 전달 메커니즘, 그리고 새로운 기술을 배우는 혁명을 가능하게 하기 위한 새로운 학습 생태계를 탐구할 전례 없는 기회라고 판단하고 있다. 또한 코로나19로 전 세계

곳곳에서 나타난 학교 폐쇄 조치는 현재 교육 시스템의 허점을 더욱 노출시키며 그 필요성이 더욱 커졌음을 보여주었다. 다음의 글에서 교육에 대한 WEF의 인식을 확인할 수 있을 것이다.

오늘날의 많은 어린이들은 미래 사회에서 아직 존재하지 않는 새로운 직업 유형에서 일할 것이다. 점점 더 상호 연결되고 있는 세계에서, 미래의 노동자들은 세계 각지에 거주하는 동료들과 협력하고, 문화적 차이를 이해하며, 새로운 형태의 상호작용을 가능하게 하기 위해 새로운 디지털 도구를 사용하게 될 것이다. 또한 기술 설계와 데이터 분석과 같은 기술 외에도, 학교가 아이들이 포괄적이고 공정한 미래 사회를 만들어 갈 수 있도록 하는 인간 중심 기술, 즉 협력, 공감, 사회적 인식, 글로벌 시민의식 등을 육성하는 것이 중요하다.

그러나 선진국과 개발도상국의 많은 교육 시스템은 지금의 혁신적인 경제 상황에서 필요한 비판적이고 개별적인 사고를 촉진하는 상호작용적인 방법보다는 교사의 지도와 학생의 암기에 초점을 맞춘 수동적인 형태의 학습에 여전히 크게 의존하고 있다. 이러한 시대에 뒤떨어진 시스템은 빠르게 변화하는 경제를 이끄는 데 필요한 다양한 기술에 대한 접근을 제한하고 세계 생산성에 위험을 초래하는 요인이다.

따라서 아이들이 일의 미래와 사회의 미래를 개척할 수 있는 기술을 갖추도록 교육 시스템을 시급히 갱신할 필요가 있다.

'Education 4.0'은 아이들의 미래 요구를 충족시키기 위해 학교 시스템이 업데이트될 수 있는 방법에 대한 비전을 제공한다.

교육 4.0(Education 4.0)은 4차 산업혁명의 시대에 양질의 교육을 위한 우수한 모델을 발굴하기 위해 시작한 '새로운 경제와 사회의 미래 형성을 위한 플랫폼(New Economy and Society Platform)'에서 시작된 글로벌 협의 과정의 성과다. 새로운 모델, 새로운 기준 등 교육의 미래를 바꾸기 위한 행동을 중심으로 관련 이해당사자들의 광범위하고 혁신적인 공조를 통해 근본적인 시스템 변화를 촉진하는 것을 목표로 한다.

교육 4.0의 프레임워크

4차 산업혁명시대 새로운 미래를 설계하기 위한 과정의 일환인 교육4.0(Education 4.0) 프레임워크(Framework)의 8가지 특성을 정리하면 다음과 같다.

- 세계시민의식(Global citizenship skills) : 더 넓은 세계, 지속가능성에 대한 인식을 형성하고 지구촌에서 적극적인 역할을 수행하는 능력 함양
- 혁신과 창의력(Innovation and creativity skills) : 복잡한 문제해결, 분석적 사고, 창의성, 시스템 분석 등 혁신에 필요한 기술을 육성
- 기술력(Technology skills) : 프로그래밍, 디지털 책임감, 기술 사용 등 디지털 기술 개발에 기반을 둔 역량 증진

- 대인관계 기술(Interpersonal skills) : 공감, 협력, 협상, 리더십, 사회적 인식 등 대인관계 정서지능 강화

- 개인화되고 자기 주도적인 학습(Personalized and self-paced learning) : 학습이 표준화되어 있는 시스템에서 각 학습자의 다양한 개별적 요구에 근거한 시스템으로 전환하고, 각 학습자가 각자의 속도로 진행할 수 있을 만큼 충분한 유연성

- 접근 가능하고 포용적인 학습(Accessible and inclusive learning) : 학습이 학교 건물에 접근할 수 있는 사람에게만 국한되는 시스템에서 모든 사람이 학습에 접근할 수 있는 포용적인 시스템으로의 전환

- 문제 기반 및 협업 학습(Problem-based and collaborative learning) : 프로세스 기반에서 프로젝트 기반 및 문제 기반 콘텐츠 제공으로 전환함으로써 동료 간의 협업이 필요하며, 작업의 미래를 한층 더 밀접하게 미러링하는 환경 구축

- 평생학습과 학생 주도학습(Lifelong and student-driven learning) : 학습과 기술이 자신의 수명에 비해 감소하는 시스템에서 모든 사람이 기존의 기술을 지속적으로 향상시키고, 개인의 필요에 따라 새로운 기술을 습득하는 시스템으로의 전환

이러한 특성들은 모두 성장하고 포용적인 경제와 사회를 건설하는 데 필요한 기술적·인간중심적 기술 모두를 포함하는 학습의 변화를 요구하고 있으며, 작업의 미래를 좀 더 밀접하게 반영하는 학습

경험으로의 변화를 요구하고 있다. 교육 4.0을 활성화하려면 미래의 기술을 학습화하기 위해 준비하여야 하고, 이러한 전환을 주도할 수 있는 교육 인력을 양성해야 한다. 아울러 학교와 시스템 간의 연결성을 강화하는 데 있어 이해관계자들 간의 한층 더 큰 조정이 필요할 것으로 보고 있다. WEF가 4차 산업혁명을 위한 교육의 새로운 모델을 정의한 교육 4.0 구상은 초·중등 교육혁신을 통해 차세대 인재를 더 잘 준비하기 위한 것이라 말한다.

> 지금 세대의 행동이 없으면 다음 세대는 미래의 요구에 대한 준비가 부족하여 생산성과 사회적 결속력에 위험을 맞이하게 될 것이다. 공공과 민간 부문의 리더들이 초등·중등 교육 시스템을 재설정하고, 미래 사회와 아동들의 요구를 충족시키는 교육을 공동 설계할 수 있는 시간적 기회가 아직 남아 있다.
> 세계화와 기술의 급속한 발전이 세계를 계속해서 변화시키면서, 교육 시스템은 세계경제와 사회의 현실과 요구로부터 점점 더 멀어져가고 있다. 교육 모델은 아이들에게 더 포괄적이고, 응집력 있고, 생산적인 세상을 만들기 위한 기술을 갖추도록 준비해야 한다.

교육 4.0은 제4차 산업혁명과 코로나19로 전 세계 환경의 급격한 변화에 교육이 적응하여 살아남을 수 있도록 WEF가 제시한 일종의 생존전략인 셈이다.

연차별 다보스포럼 주제 및 논의 내용

구분	다보스포럼 주제 및 논의 내용	주요 참여 인사
2015 (45회)	• 새로운 세계 상황 (The New Global Context) • 분권화된 세계화, 지역 간 갈등, 글로벌 저성장, 에너지 헤게모니, 비정상적 통화 정책의 정상화	김용. 세계은행 총재 크리스틴 라가르드. IMF 총재 지우마 호세프. 브라질 대통령
2016 (46회)	• 4차 산업혁명의 이해 (Mastering the Fourth Industrial Revolution) • 4차 산업혁명의 정의, 명과 암, 새로운 글로벌 성장 동력 발굴, 글로벌 공조 필요 강조	호베르투 아제베두. WTO 사무총장 메이 바라. 제네럴모터스 CEO 사티아 나델라. MS CEO 마르틴 슐츠. 유럽의회 의장
2017 (47회)	• 소통과 책임의 리더십 (Responsive and Responsible Leadership) • 세계 불확실성 증폭에 따른 소통과 책임감을 가진 리더십 필요, 글로벌 경제 활성화, 시장 기반 시스템 구축, 4차 산업혁명 대비, 국제협력 강화	안토니오 쿠데헤스. UN 사무총장 시진핑. 중국 국가 주석 테리사 메이. 영국 총리 마르틴 슐츠. 유럽의회 의장
2018 (48회)	• 균열된 세계에서 공동의 미래 창조 (Creating a Shared Future in a Fractured World) • 세계가 직면한 현안들을 해결하기 위한 새로운 국제협력 방안 모색	나렌드라 모디. 인도 총리 에르나 솔베이그. 노르웨이 총리 크리스틴 라가르드. IMF 총재

2019 (49회)	• 세계화 4.0: 4차 산업혁명 시대의 글로벌 구조 형성 (Globalization 4.0: Shaping a Global Architecture in the Age of the Fourth Industrial Revolution) • 국제리더십, 글로벌거버넌스, 지속 적인 경제발전, 공정경제, 친환경 경제발전, 4차 산업혁명 관련 논의	앙겔라 메르켈. 독일 총리 아베 신조. 일본 총리 앙헬 구리아. OECD 사무총장 크리스탈리나 게오르기에바. WB CEO
2020 (50회)	• 결속력 있고 지속 가능한 세계를 위한 이해관계자들 (Stakeholders for a Cohesive and Sustainable World) • 기후변화, 기후변화 대응 실패, 자 연재해, 생물다양성 손실, 인간에 의한 환경재난 대응 논의	도널드 트럼프. 미국 대통령 앙겔라 미르켈. 독일 총리 쥐스탱 트뤼도. 캐나다 총리 크리스틴 라가르드. IMF 총재 빌게이츠. 게이츠&멀린다 재단 공동 회장 그레타 툰베리. 스웨덴 환경운동가 제니퍼 모건. 그린피스 사무총장

세계적인 도전과제를
교육과정에 담아내다

지속가능발전(SD: Sustainable Development)[2]

과 세계시민의식(GC: Global Citizenship)[3]은 우리가 살고 있는 지구

와 세계의 공통된 요구이다. 이 둘은 인류의 갈등과 긴장, 테러, 과

---

2. 지속가능발전(SD: Sustainable Development)은 '미래 세대가 자신들의 필요를 충족시킬 수
있는 능력을 훼손하지 않으면서 현재의 필요를 충족시키는 발전'(브룬트란트 보고서 《우리
공동의 미래》, 세계환경개발위원회, 1987) 으로 이해될 수 있다. 환경과 경제적·사회적 이
슈는 서로 연결되어 있다. 이는 환경을 희생시키지 않고도 (경제적·사회적) 발전을 이룰 수
있다는 것을 의미한다. 간단히 말해, 지속가능발전은 환경과 경제, 사회의 요구 사이에서 균
형을 이루는 일이다.

3. 세계시민의식(GC: Global Citizenship)이라는 개념은 여러 가지로 해석될 수 있다. 그러나 한
가지 공통된 생각은 세계시민의식이 국가의 경계를 넘어, 보편적 인간성을 강조하고, 지역과
세계의 상호 연결뿐만 아니라 민족 간의 상호 연결을 전제로 더 큰 공동체에 대한 소속의식
을 의미한다는 것이다. 세계시민의식은 인권, 민주주의, 차별 반대, 다양성 같은 보편적 가치
에 기반을 두고 있다. 이는 더 나은 세상과 미래를 추구하는 시민 행동을 뜻한다.

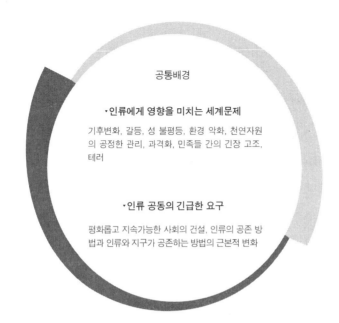

공통배경

•인류에게 영향을 미치는 세계문제

기후변화, 갈등, 성 불평등, 환경 악화, 천연자원
의 공정한 관리, 과격화, 민족들 간의 긴장 고조,
테러

•인류 공동의 긴급한 요구

평화롭고 지속가능한 사회의 건설, 인류의 공존 방
법과 인류와 지구가 공존하는 방법의 근본적 변화

지속가능발전과 세계시민의식의 공통 배경
우리가 평화롭고 지속가능한 사회를 건설하기 위해서는 우리가 지구와 함께 공존하는 방법 그
리고 인류가 다 함께 공존하는 방법을 근본적으로 변화시켜야 한다.

격화, 기후변화, 환경 악화, 천연자원의 공정한 관리 같은, 현재 우
리 모두에게 영향을 미치고 있는 전 지구적이고 세계적인 도전과
제들을 다루기 위한 것이다. 지속가능발전과 세계시민의식은 우
리가 평화롭고 다시 말해 지속가능한 사회를 건설하기 위해서 긴
급히 필요한 인류 공동의 요구를 따르는 것이다. 그 목표는 우리가
지구와 함께 공존하는 방법 그리고 인류가 다 함께 공존하는 방법
을 근본적으로 변화시키는 것이다.

지속가능발전교육
Education for Sustainable Development

지속가능발전교육(ESD : Education for Sustainable Development)이라는 말은 지속가능발전을 실현하기 위한 전략으로 1992년 리우 환경정상회의에서 처음 등장하였다. 이후 2002년 제57차 유엔총회에서 지속가능발전교육의 강화와 이행을 전 세계에 요청하였고, UNESCO는 2005년부터 2014년까지를 UN **지속가능발전교육 10년**(DESD: Decade of Education for Sustainable Development)으로 선포하기도 했다. 2012년 Rio+20 유엔지속가능발전회의(UNCSD)에서 지속가능발전을 위한 행동 실천체계로서 교육, 특히 DESD의 실천을 강조하였다. 이에 따라 UNESCO와 UN 회원국들은 지속가능발전교육과 관련하여 다각적인 정책적 노력을 전개하고 있다.

지속가능발전교육의 개념

지속가능발전교육은 간단히 말해 누구나 질 높은 교육의 혜택을 받으며, 이를 통해 지속가능한 미래와 사회 변혁을 위해 필요한 가치, 행동, 삶의 방식을 배울 수 있는 사회를 지향하는 교육이다. 특히 현 세대와 미래 세대를 위한 정의로운 사회 구축, 선진국과 후진국, 인간과 자연의 형평성과 같은 환경 보존, 경제적 생존력 측면에서의 사회정의, 환경정의, 경제정의가 이루어질 수 있는 지속가능한 미래를 이루기 위한 방향으로 나아가기 위해 사람들의 행동양식을 변화시키는 데 있어 가장 효율적이며, 핵심적인 수단으로 지속가능발전교육을 주목하고 있다. 지속가능발전교육은 인류 생존의 문제에 대한 지구적 성찰을 담고 있다는 점에서 미래교육 비전으로서의 의미와 확장 가능성을 지닌다. 이에 바람직한 지속가능발전교육이 되기 위해서는 구성원들이 지속가능발전이라는 과제에 접근하면서 서로 간의 이해와 합의를 통해 공통의 인식과 개념을 일치시키고 지속가능발전 목표를 달성하기 위한 지속가능발전 역량을 형성해야 한다. 그러한 역량을 형성시키기 위한 역할이 바로 지속가능발전교육이 담당해야 할 일이다.

지속가능발전교육의 역할

지속가능발전교육은 UN이 지정한 지속가능발전을 위한 17가지 목표에 직·간접적인 연관성을 지니며, 각각의 목표에 중요한 의미와 역할을 지니고 있다.

특히, 지속가능발전교육은 지속가능발전의 네 번째 목표인 '양질의 교육(SDG4)'에 포함되어 있는 세부목표 4.7.이기도 하다. 따라서 '양질의 교육(SDG4)'은 지속가능발전목표들의 중심에 있으며 모든 지속가능발전목표를 달성하는 촉매제 역할을 수행한다. 이 중 '건강과 웰빙(SDG3)', '성평등(SDG5)', '양질의 일자리와 경제성장(SDG8)', '지속가능한 생산과 소비(SDG12)', '기후변화 대응(SDG13)'

등의 경우에는 각각의 목표를 달성하기 위해 지속가능발전교육의 역할이 특히 중요한 것으로 보고 있다. 그뿐만 아니라 나머지 지속가능발전목표들도 지속가능발전교육이 다양한 역할과 영향을 주고받고 있다. 지속가능발전목표 17가지에 지니는 지속가능발전교육의 역할과 세부내용을 살펴보면 다음과 같다.

SDGs 17가지에 지속가능발전교육의 역할과 세부내용

SDGs	ESD의 역할	세부내용
SDG1 지구상 모든 형태의 빈곤 종식	교육은 빈곤을 감소시키는 가장 효과적인 방법들 중 하나	저소득국의 모든 학생이 기초 수준의 읽기 능력을 향상시킨다면 전 세계 빈곤율이 12%(171백만 명) 감소 학교 재학기간이 1년 증가하면 개인의 소득이 10%까지 향상, 1년 GDP 0.37% 향상
SDG2 기아의 해소, 식량 안보 확보, 영양상태 개선 및 지속가능 농업 장려	어머니 교육은 자녀의 영양 상태를 개선	전 세계적으로 약 47백만 명의 아동들이 유아기 적절한 영양 미공급으로 인한 성장발달 저하를 겪고 있음 모든 어머니들이 초등교육을 이수할 수 있다면, 1.7백만 명, 중등교육을 이수할 수 있다면 12.2백 만 명의 아동들이 정상적으로 성장할 수 있을 것으로 보임
SDG3 모든 연령대의 모든 이의 건강한 생활을 보장하고 웰빙을 증진	교육 수준이 높을수록 건강 관련 위험 상태에 놓일 가능성이 줄어듦	교육을 받은 어머니들은 다양한 질병에 대해 알고, 이를 예방하는 조치를 취함 어머니 교육 수준이 1년이 증가하면 영아사망률이 10% 감소하며, 글을 읽을 수 있는 어머니 자녀의 5세 이후 생존율은 50% 증가 전 세계적 여성 교육률 향상으로 지난 40년간 4백만 명의 아동이 사망에 이르지 않은 것으로 조사

SDG4 포용적이고 공평한 양질의 교육 보장과 모두를 위한 평생학습 기회 증진	교육은 타인을 교육하고 학습의 가치를 인정하는 문화를 향유시킴으로써 그 자신을 발전시킴	교육은 모든 연령의 학습자들이 세계시민으로서 역할을 하는 데 필요한 기술과 가치, 즉 인권, 양성평등, 환경적 지속가능성 존중 등을 갖출 수 있게 함
SDG5 성 평등 달성 및 여성·여아의 역량 강화	교육은 소녀와 여성들이 그들의 가정, 지역사회, 직장 등에서 자신의 잠재력을 충분히 발휘할 수 있도록 함	여성의 교육연한이 1년 증가할수록 소득은 20% 증가 여성과 남성의 교육 격차가 발생한 일부 국가에서는 연간 10억불의 손실이 발생 여성과 남성 출산율 격차가 줄어듦에 따라 소득과 고용의 성별 격차 감소
SDG6 모두가 깨끗한 물과 위생설비를 이용할 수 있고 지속가능한 관리 확립	지역공동체 구성원들이 위생과 건강 간의 상관성에 대해 더 잘 이해함에 따라 위생시설 개선이 이루어짐 경제적 여건 개선이 이루어짐 에 따라 현대화된 식수 및 위생 시설 및 관리 시스템 개선이 이루어짐	소녀들은 가족들을 위한 식수를 길어오는 데 주당 15시간을 소비, 학교에 갈 시간이 없음 안전한 위생시설 미비로 아동들이 질병에 시달림에 따라 학교에 결석하게 됨

SDGs	ESD의 역할	세부내용
SDG7 모두가 적정 가격의, 신뢰할 수 있고, 지속 가능하며, 현대적 에너지를 이용할 수 있도록 보장	교육과 함께 깨끗하고 이용 가능한 에너지는 국가의 사회, 경제, 환경발전의 필수 요소임	교육받은 시민들은 그들 자신과 그들이 속한 사회의 번영을 이끌어낼 새로운 기술과 이의 적용의 필요성을 인식하고, 이를 활용하고자 함 교육과 함께 시민들은 국가의 지속가능성을 보장하는 에너지 인프라를 구축하는 한편, 이를 운영
SDG8 지속적 · 포용적 · 지속가능한 경제성장 및 완전하고 생산적인 고용 촉진과 양질의 일자리 창출	교육은 경제발전과 번영을 이끌어내는 가장 가력한 동인 중 하나 교육 연한이 1년 증가할수록 연간 GDP 성장률이 0.37% 증가	1965년 동아시아의 성인들은 사하라 사막 이남 지역 성인보다 평균 2.7년 학교교육을 더 받았으며, 45년 후 동아시아 지역의 1인당 평균 소득 증가율은 3.4%인 반면 사하라 사막 이남 지역은 0.8%에 불과 교육 수준의 격차는 경제 성장률 격차의 약 50%를 설명
SDG9 복원력 있는 사회 기반시설 구축, 포용적이고 지속가능한 산업화 촉진 및 혁신 장려	교육을 통하여 국가들은 진보, 건강, 안전을 위한 물리적 인프라 집합체를 만들고, 이를 운영할 더 나은 역량을 갖춤	국민의 교육 수준이 높아질수록 국민의 삶을 개선시키고 풍요롭게 할 수 있는 인프라를 구축하고 유지하는 데 반드시 필요한 중요 기술과 창의적 문제해결력을 갖출 수 있음 잘 계획되고 운영되는 인프라를 통하여 더 많은 아동들, 특히 고립지역의 아동들이 필요한 교육기회를 가질 수 있음

SDG10 국가 내·국가 간 불평등 완화	다양한 인구, 지역, 문화적 특성을 가진 보다 많은 아동들이 교육받음에 따라, 국가의 임금 불평등 개선이 이루어짐	국가의 교육 형평성이 0.1% 향상된다면 40년에 걸쳐 1인당 소득이 23% 높아질 수 있음 파키스탄의 경우, 교육 형평도가 베트남의 절반 수준으로 2005년 베트남의 GDP가 파키스탄의 GDP를 상회 전통적으로 소외계층 출신의 사람이 더 나은 교육을 받음에 따라 자신의 권리와 요구를 정확히 주장할 수 있게 되며, 더 나은 경제, 사회적 위치에 오름에 따라 전 사회적 불평등 해소에 기여
SDG11 도시 및 인간 거주지를 포용적이고, 안전하며, 복원력 있고, 지속가능한 곳으로 조성	교육을 통하여 사람들은 지속가능한 도시와 공동체를 만드는 데 필요한 창의적 방안을 이해하고, 지원하며, 만들어낼 수 있게 됨	훌륭한 도시계획, 효과적인 에너지 활용, 훌륭한 수도 및 위생관리, 사회적 포용 등과 같이 제대로 작동하는 커뮤니티를 구축하기 위해서는 그 구성원들의 지식과 기술이 필요하며, 이는 오직 양질의 교육을 통해서만 가능 이를 위해서는 초등수준의 교육이 아니라 그 이상의 교육이 필요
SDG12 지속가능한 소비와 생산 방식 보장	교육은 사람들이 에너지와 물을 보다 효율적으로 활용하고 쓰레기를 재활용할 수 있는 가능성을 증대시킴	이디오피아의 한 연구에서 농부들이 6년간의 교육을 받았을 때, 토양 보존, 곡물 종류의 다양성 등과 관련된 기술을 적용, 기후변화를 이해할 가능성이 20% 높아짐 가구주의 교육연한이 1년 증가할수록 1가구당 성숙목을 베는 비율이 연간 4%에서 21.5%까지 낮아짐. 개발도상국 사례에서는 교육수준이 올라갈수록 에너지 효율 기술에 대한 인식이 높아짐

SDGs	ESD의 역할	세부내용
SDG13 기후변화와 그 영향을 대처하는 긴급 조치 시행 SDG14 지속가능발전을 위한 대양·바다·해양자원 보존과 지속가능한 이용 SDG15 육상생태계 보호·복원하고 지속가능한 방식으로 이용, 산림을 지속가능한 방식으로 관리, 사막화 및 토지 황폐화 방지, 생물다양성 손실 중단	교육수준이 높아질수록 환경에 대한 인식이 증가	29개 국가 연구에서, 중등교육 미만 이수자의 25%가, 중등교육 이수자의 37%, 고등교육 이수자의 46%가 환경에 대한 우려가 있다고 응답 환경교육은 기후변화, 해양 및 육지생태계 보존을 위한 국가 및 지역의 노력에서 매우 중요한 부분을 차지 환경교육이 목표하는 바를 달성하기 위해서는 초등 및 중등교육 수준에서 환경 보존과 관련된 기초기술을 학습함으로써 국가 및 지역사회 구성원 대부분이 이를 갖출 수 있도록 해야 함
SDG16 지속가능발전을 위해 평화롭고 포용적인 사회 조성하고, 모두가 사법제도를 이용할 수 있도록 하며, 모든 차원에서 효과적이고 신뢰할 수 있는 포용적 제도 구축	교육은 평화, 관용, 건강한 시민사회 건설의 선도자	초등교육을 받은 사람보다 중등교육을 받은 사람들이 다른 언어, 이민자, 성소수자, 타 종교, HIV 보균자, 타인종에 대하여 관용적인 것으로 나타남 문해자들이 민주주의 과정, 시민으로서의 권리 행사에 더 많이 참여하며, 중등교육 취학률이 10% 높아지면, 전쟁의 위험성은 3% 낮아짐
SDG17 이행수단 강화 및 지속가능발전을 위한 글로벌 파트너십 구축	파트너십은 개발목표를 달성할 수 있는 가장 효과적인 방법임이 증명됨	

표에서 정리한 것처럼 지속가능발전교육(ESD)은 UN이 정한 지속가능발전목표(SDGs) 17가지에 모두 영향을 주고 있을 뿐만 아니라, 17가지 목표 모두에 있어 각각의 역할을 수행하고 있음을 확인하였다. 지속가능발전교육은 인류가 지속가능한 미래와 공존공영의 사회로 나아가기 위한 가치와 행동을 얻기 위해 인류의 역량을 집중시키려는 미래교육의 방향이자 방법인 것이다.

세계시민교육
Global Citizenship Education

오늘날 세계는 밀접하게 연결되어 있으며, 개인과 공동체, 국가들은 복잡한 상호의존성 속에서 살아가고 있다. 개인의 삶은 개인이 속한 지역 공동체와 국가뿐만 아니라 지구촌과 연계되어 있으며, 우리가 잘 알고 있는 환경파괴, 빈곤, 갈등과 분쟁 등 인류 공동의 문제들은 개별 국가가 아닌 전 지구적 차원의 해결을 요구한다.

세계시민교육의 개념
세계시민교육(GCED: Global Citizenship Education)은 전 지구적 과제들을 정치, 경제, 사회, 문화 및 환경적 관점에서 이해하고 해결하는 데 있어 교육의 역할이 매우 중요하다는 점에서 출발하며, 교육의 역할은 비단 학습자들이 지식을 습득하는 것뿐만 아니라 현재 지구 상에서 일어나는 문제와 현상을 비판적으로 분석하고, 다름과 다양성을 존중하며, 책임감 있는 행동을 통해 지구촌 공동체에 참여할 수 있는 역량을 증진하는 데 있다는 것을 강조한다.

세계시민교육은 인권교육, 평화교육, 지속가능발전교육 및 국제이해교육 등 다양한 교육운동에서 사용되어온 개념과 방법론 및 이론을 취하는 다면적인 접근법을 활용하고 있다. 각 교육운동에서 강조하는 세부적인 내용이나 주제들은 조금씩 다르지만, 기본적으로 '더 정의롭고 평화로우며 지속가능한 세상'을 만들고자 하는 공통의 목표를 지닌다. 즉 세계시민교육은 "더 정의롭고 평화로우며 지속가능한 세상을 만드는 데 필요한 학습자의 지식과 기술, 가치와 태도 계발에 목적을 둔 교육"이라고 할 수 있다.

세계시민교육의 배경

세계시민교육은 2012년 9월의 제67차 유엔총회를 계기로 출범한 반기문 UN 전 사무총장의 '글로벌교육우선구상(GEFI: Global Education First Initiative)'의 3대 우선 목표 중 하나였다. 3대 우선 목표는 첫째, 모든 어린이에게 **취학 기회**를 제공하고, 둘째, **학습의 질**을 향상시키며, 셋째, **세계시민의식**을 기르는 것인데, 이를 중심으로 하는 글로벌교육우선구상(GEFI)은 사람들이 좀 더 정의롭고 평화로우며 관용적인 사회를 만들도록 돕는 데 교육의 역할을 강조하고 있다.

이전까지 교육의 목적은 주로 국가 발전의 수단 및 개인의 잠재력 실현에 치중되어 있었다. 하지만 앞으로는 '평화롭고 지속가능한 사회 구현'으로 교육의 목적이 전환되고 있다. 따라서 국제사회는 교육 기회의 확대 및 교육의 결과물에 대해 초점을 맞추었던 기존의 노력에서 벗어나, 이제는 교육이 학습자들로 하여금 이 사회를 살아가는 데 필요한 역량을 스스로 갖춰 나가는 데 '적합한(relevant)' 내용을 제공하는가에 초점을 맞추어 나가고 있다.

또한 기존의 교육 또는 교육발전 담론은 주로 교육받을 기회를 확대하는 데 있었다. 하지만 앞으로는 인지적 역량과 비인지적 역량을 함께 추구함으로써 한층 더 질 높은 배움을 추구하는 방향으로 옮겨가야 한다.

이를 반영하여 국내 교육과정에서도 교육목표 및 내용이 '핵심역량' 중심으로 재편되었다. 아울러 교수자 중심의 지식 전달이 아닌 학습자 중심의 배움으로, 단위 주제 및 과목 중심에서 주제 중심 교과통합 또는 교과융합형 교육으로 패러다임이 변화하고 있다.

함께 살아기기 위한 학습

세계시민교육은 UNESCO가 〈21세기 교육을 위한 새로운 관점과 전망〉이라는 보고서에 제시한 학습의 4가지 기본적인 근간인 '알기 위한 학습(learning to know), 행동하기 위한 학습(learning to do),

존재하기 위한 학습(learning to be), 그리고 함께 살아가기 위한 학습(learning to live together)'과 그 흐름을 같이한다.

특히 기후변화와 코로나19로 인한 전 세계적 위기, 국내외 경제 양극화와 갈등의 고조 등 인류 공동의 도전과제 해결이 절실한 지금의 시기에는 그 어느 때보다도 '함께 살아가기 위한 학습'이 강조된다. 따라서 교육은 더 이상 읽기, 쓰기, 셈하기와 같은 인지적 역량 개발에 머물 수 없다. 학습자들의 가치관과 사회적 · 감성적 능력, 즉 비인지적 학습을 통해 사회의 변화를 촉진하고, 더불어 살아가기 위한 협력을 북돋우는 역할을 요구받고 있는 것이다.

UNESCO에서 제시한 학습의 4가지 기본적 근간의 주요 내용

	알기 위한 학습	행동하기 위한 학습
인지영역 →	• 지식 습득 및 학습 기회 등 학습자 평생 동안의 배움을 위한 학습을 강조	• 직업적 기능 신장을 비롯해 학습자가 자신의 삶 속에서 일어나는 다양한 상황과 사건을 처리할 수 있는 역량 함양, 다양한 사회적 경험을 수행하기 위한 학습
	존재하기 위한 학습	함께 살아 가기 위한 학습
비인지영역 →	• 인간이 자신의 개성을 계발하고 자율성, 의사결정, 책임감을 가지고 행동하는 능력을 기르는 학습	• 타인과 상호의존에 대한 이해와 인식을 계발함으로써 갈등을 다루고 해결하며 나아가 함께 사는 세상을 만들어가는 데 기여하기 위한 학습

세계시민교육의 목표

세계시민교육은 어떤 지향점을 가지고 있을까? 세계시민교육의 '목표'를 간략히 정리하면 다음과 같다.

- 학습자들이 인류 공동의 문제들에 대한 관심을 가지고,
- 지구촌 공동체에 대한 소속감을 바탕으로 한 책임의식을 가지며,
- 인권, 사회정의, 다양성 존중, 평등, 평화, 지속가능발전 등 인류 보편의 가치들을 내재화하고,
- 오늘날 우리가 직면하고 있는 글로벌 및 지역의 이슈들과 지구촌의 상호의존성에 대해 비판적이며, 깊이 있게 이해함으로,
- 인류 공동의 문제를 평화롭고 지속 가능하게 해결해 나갈 수 있는 소통, 협업, 창의 및 실천의 기술을 습득하고 역량을 키워 나가는 것이다.

세계시민교육이 지향하는 이러한 가치들은 실제로 우리의 교육과정에도 반영되어 있다. 예컨대 다양성 존중, 공동체 의식, 소통·배려·공감 등 인류 보편의 가치들은 이미 '홍익인간' 정신에 기초하여 세계시민교육적 철학과 비전을 교육과정 총론에 담아 국가교육과정에서 추구하는 인간상에 잘 녹여져 있는 것이다.

- 전인적 성장을 바탕으로 자아정체성을 확립하고 자신의 진로와 삶을 개척하는 자주적인 사람

- 기초 능력의 바탕 위에 다양한 발상과 도전으로 새로운 것을 창출하는 창의적인 사람
- 문화적 소양과 다원적 가치에 대한 이해를 바탕으로 인류 문화를 향유하고 발전시키는 교양 있는 사람
- 공동체의식을 가지고 세계와 소통하는 민주시민으로서 배려와 나눔을 실천하는 더불어 사는 사람

세계시민교육의 학습 영역

UNESCO가 제시하는 세계시민교육의 학습 영역을 정리하면 다음과 같다.

- 인지적 영역: 세계를 이해하는 데 필요한 지식과 사고 기능
- 사회 · 정서적 영역: 정의적 · 심리적 · 신체적 능력을 계발하고, 타인과 서로 존중하며 평화적으로 더불어 살아가고자 하는 가치, 태도 및 사회적 기능
- 행동적 영역: 세계시민으로서 지역, 국가와 세계 등 다양한 차원에서 일어나는 이슈와 문제에 대한 실천

또한 각 영역별로 학습자에게 요구되는 주요 역량들을 정리하면 다음과 같다.

- 인지적 역량: 지식 정보와 비판적 문해력을 갖추고 세계적 이슈와 지역적 이슈가 상호의존적으로 연결되어 있음을 이해하며, 비판적 탐구와 분석에 필요한 능력을 기른다.
- 사회·정서적 역량: 풍부한 사회적 관계 속에서 다양성을 존중하며 여러 정체성과 인간관계, 소속감을 기르고 유지한다. 그리고 인권에 기반을 둔 가치와 책임을 타인과 공유하는 한편, 차이와 다양성을 받아들이고 존중하는 태도를 함양한다.
- 행동적 역량: 윤리적 책임감을 갖고 참여하며 바람직한 기능, 가치, 신념, 태도를 실천한다. 또한 평화롭고 지속가능한 세상을 만들어야 한다는 책임감을 개인 및 사회 차원에서 보여주며 공동선을 위해 노력하고자 하는 동기와 의지를 기른다.

세계시민교육은 국가 간, 지역 간의 연대뿐만 아니라 기성세대와 미래세대 간의 긴밀한 소통과 대화를 강조하고 있다. 왜냐하면 지구의 반대편에서 일어나고 있는 일들이 우리에게도 적잖은 파급 효과를 미치는 것처럼, 현재의 행위가 미래의 지구의 모습을 크게 바꿀 수 있는 효과를 가져올 수도 있다는 점을 고려해야 한다. 인류의 미래가 지속가능하고 정의로운 길로 나아갈 수 있도록 인류 공존과 공영의 새로운 패러다임을 세계시민교육을 통해 잘 구현해야 할 것이다.

문제해결의 기반인 창의적 사고력, 어떻게 키울 것인가?

2016년 이세돌과 세기의 바둑대국을 벌이며 세상에 그 모습을 드러낸 알파고는 인공지능(AI)의 발전 수준을 대중에게 깊이 각인시키는 계기가 되었다. 그리고 2020년 8월 미공군 베테랑 조종사와 AI의 대결은 인공지능이 단순히 빠른 암기 능력이나 계산능력을 넘어 스스로 사고하고 이를 발전시키며, 심지어 창의적인 판단력까지 발휘하는 단계에 이르렀다는 데 대해 대중은 놀람을 넘어 경악을 금치 못하였다. 향후 인간 일자리의 대부분을 인공지능이 차지하게 될 것이라는 전망도 속속 쏟아지고 있다. 인공지능은 인간의 생활 전반에 영향을 미칠 것이며, 학교교육에도 깊은 영향을 미치게 될 것이다.

인공지능교육
Artificial Intelligence

인공지능(AI : Artificial Intelligence)은 인간의 학습능력과 추론능력, 지각능력, 자연언어의 이해능력 등을 컴퓨터 프로그램으로 실현한 기술을 말한다. 현재 인공지능과 관련된 교육으로는 **소프트웨어(software)교육, 메이커(maker)교육** 등이 추진되고 있다.

소프트웨어교육이란?

소프트웨어(software)교육은 "컴퓨팅 사고를 통해 문제를 해결하는 인재를 길러내는 교육"이다. 여기서 '컴퓨팅 사고'란 컴퓨터의 기본적인 개념과 원리를 기반으로 인간이 컴퓨터에게 명령을 수행하도록 판단 기준을 정하고 적절한 명령을 내리는 논리적인 사고능력을 말한다.

컴퓨팅 사고는 크게 추상화, 자동화 단계로 구분된다. **추상화**는 실생활의 문제를 컴퓨터를 통해 해결 가능한 형태로 표현하기 위한 사고 과정이다. 이를 위해 문제해결에 필요한 자료를 수집 및 분석하고, 도표, 그래프 등을 활용하여 자료나 정보를 논리적으로 구조화하여 눈으로 보기 쉽게 나타낸다. 또한 문제를 구성하고 있는 복잡한 요소를 작은 단위로 분해하고, 문제해결에 필요한 핵심 요소를 추출하여 적절한 해결책을 설계하는 모델링 과정을 거친다. 그리고 문제해결 과정을 알고리즘(Algorithm)[4]으로 표현한다. 한편 **자동화** 단계에서는 추상화 단계에서 만들어진 알고리즘을 컴퓨터가 이해할 수 있도록 프로그래밍(Programing)[5] 언어로 구현 (Coding)[6]하고, 이를 프로그램을 통해 실행함으로써 문제해결 과정을 자동화한다. 그리고 이와 같은 문제해결 과정을 다른 문제에서도 적용할 수 있도록 일반화한다.

컴퓨팅 사고의 단계
추상화는 실생활 문제를 컴퓨터를 통해 해결 가능한 형태로 표현하기 위한 사고 과정이다. 자동화 단계에서는 추상화 단계에서 만들어진 알고리즘을 컴퓨터가 이해할 수 있도록 프로그래밍(Programing) 언어로 구현(Coding)하고, 이를 프로그램을 통해 실행함으로써 문제해결 과정을 자동화하며, 이러한 문제해결 과정을 다른 문제에서도 적용할 수 있도록 일반화한다.

---

4. 알고리즘(Algorithm)이란 문제해결을 위한 단계와 동작을 의미한다.

5. 프로그래밍(programing)은 컴퓨터가 임무를 수행하거나, 문제를 풀거나, 사람의 지시를 받을 수 있도록 컴퓨터가 알아들을 수 있는 명령어를 만들고, 이를 실행시키는 제반활동이다.

6. 코딩(Coding)은 컴퓨터기술 발전의 초창기에는 기계어(Machine Language) 수준의 컴퓨터 명령어를 의미하였으나 현재는 사람이 직접 읽고 이해할 수 있는 수준의 자바, C++, PHP 등의 명령어 작성을 의미하기도 한다.

이러한 컴퓨팅 사고는 소프트웨어교육의 핵심으로 미래 세대가 그들 세대에서 발생하게 될 문제들을 해결할 수 있는 창의적 사고력에 초점을 둔다. 즉, '해결이 필요한 문제의 정의', '문제해결 방법의 설계', '인간과 컴퓨터 간 상호작용의 이해', '알고리즘의 정확성 검정', '팀원들 간의 협업' 등 미래 디지털 사회에서 필수적으로 갖추어야 할 분석적인 사고력을 포함한다. 따라서 미국과 영국을 포함한 여러 나라는 K-12의 소프트웨어교육에 있어 컴퓨팅 사고력 향상에 중점을 두고 있다. 우리나라를 포함한 다른 나라들의 소프트웨어 교육과정을 비교하면 다음 표(182쪽)와 같다.

소프트웨어교육의 영역

우리나라 소프트웨어교육의 영역별 학교급별 교육목표를 정리하면 다음과 같다.

- **생활과 소프트웨어 영역** : 이 영역에서는 소프트웨어가 일상생활에 주는 변화의 중요성, 가치 등을 이해하고 관련된 직업 세계를 탐구한다. 또한 소프트웨어를 활용할 때 알아야 하는 사이버 공간에서의 예절, 지적 재산권, 개인정보 보호 등 정보윤리에 대해 다룬다. 그리고 소프트웨어를 다루는 정보 기기의 기본적인 구성 요소에 대해 학습한다.
- **알고리즘과 프로그래밍 영역** : 주어진 문제를 이해하고 문제를 컴퓨터가 해결할 수 있는 형태로 추상화, 자동화, 일반화하는 단계를 반복하는

한국, 미국, 영국, 중국, 인도의 소프트웨어 교육과정 비교

구분	1단계 (초등학교)	2단계 (중학교)	3단계 (고등학교)
한국	- 건전한 정보윤리의식 함양 - 문제해결과정 체험(알고리즘의 이해) - 프로그래밍 체험	- 소프트웨어의 중요성과 정보 윤리 - 컴퓨팅 사고의 이해(문제분석, 해결전략 탐색) - 알고리즘의 이해 - 컴퓨팅 사고 기반의 문제해결(실생활 문제, 다양한 영역의 문제해결)	- 컴퓨팅 기술과 정보윤리 - 컴퓨팅 사고의 실제(구조화, 추상화, 시뮬레이션) - 알고리즘의 실제(설계, 분석, 평가) - 컴퓨팅 사고 기반의 융합 활동(팀 프로젝트 제작, 평가)
미국(시카고주)	- 소프트웨어 기초개념 이해 - 소프트웨어 관심 유도 - 알고리즘의 간단한 이해 - 정보기술 사용(모바일 기기, 웹도구 등)	- 알고리즘의 이해 및 실제적 응용 - 검색 및 정렬 알고리즘 만들기 - 문제해결책 구현 학습(프로그래밍 언어 사용) - 표현물(비디오 등) 제작	- 모바일 응용 프로그램 설계, 개발(모바일 기기, 시뮬레이터 사용) - 디지털 결과물 제작(고급 도구 사용) - 소프트웨어 개발 절차 학습 및 실습 - 웹페이지 생성 및 조직(웹프로그래밍 설계도구 이용)
영국	- 알고리즘의 이해, 알고리즘에서 오류 검출 - 컴퓨터 네트워크의 이해 - 설계-코딩-수정 - 논리적 추론 학습활동(프로그램 동작 예상)	- 단순 논리의 이해 - 모듈 프로그램 설계, 개발 - 2개 이상의 프로그래밍 언어 활용 - 창의적 프로젝트의 실행 및 제작(복수 개의 소프트웨어 프로그램 활용)	- 상급학교 및 전문경력 연계 학습(컴퓨터과학, 정보기술 관련 학습) - 컴퓨터과학, 디지털 미디어, 정보기술에 대한 역량, 창의성, 지식개발 - 분석력, 문제해결, 설계, CT 역량개발 및 적용
중국	- 정보 및 응용 소프트웨어 활용 - 소프트웨어 관심 유도 및 소프트웨어 이해 - 올바르고 책임 있는 정보시스템 사용법 학습	- 실생활에 필요한 소프트웨어 사용 방법 학습 - 멀티미디어 자원 및 장비 사용(타 교과 학습지원) - 정보의 신뢰성 및 정확성 평가	- 프로그래밍 기술 학습 - 멀티비이더 산출물 제작 - 정보의 신뢰성 및 정확성 평가
인도	- 컴퓨터와 윈도우 구성요소 인식 - 기본적 애플리케이션 및 소프트웨어 사용 - 스크래치 프로그램의 실행과 결과 해석	- 스크래치로 프로그램 작성(동작, 제어 등 관련 명령 사용) - 향상된 스크래치 프로그램 작성 - 간단한 프로그램 작성(프로그래밍 언어 사용)	- 고급 응용 프로그램 특징 탐색 및 학습 - 고급 프로그램 작성(프로그래밍 언어 사용) - 데이터베이스 생성 및 문제해결 수행

활동을 통해 문제해결에 필요한 컴퓨팅 사고력을 체계적으로 학습해
가는 영역이다.

■ **컴퓨팅과 문제해결 영역** : 알고리즘과 프로그래밍 영역에서 학습한 내
용을 의미 있는 문제에 종합적으로 적용해보는 영역으로 학생들이 자
기주도적으로 혹은 동료들과 함께 협력하여 실생활의 문제해결에 컴
퓨팅 사고력을 구체적으로 적용해볼 수 있도록 한다.

우리나라를 포함하여 세계 여러 나라에서도 우리나라와 마찬가지
로 학교급 간 내용의 체계성을 갖추고 초등학교부터 소프트웨어
교육을 실시하고 있다. 물론 국가마다 내용의 차이는 다소 존재하
지만, 왼쪽 표(182쪽 참조)에서 정리한 바와 같이 대체로 초등학교
에서는 소프트웨어에 대한 관심을 유도하고, 알고리즘과 프로그래
밍교육까지 실시하고 있으며, 중학교에서는 알고리즘 설계, 개발
능력을 향상시키고 창의적 프로젝트를 통해 문제를 해결하는 역량
을 기르고 있다. 고등학교에서는 웹페이지와 데이터베이스 생성,
디지털미디어 등 소프트웨어 활용 범위를 확대하여 문제해결 역량
을 높이는 내용으로 구성하고 있다.

메이커교육이란?

메이커(maker)교육은 학생들이 디지털 도구를 사용해서 자신이 원
하는 제품을 직접 설계하고 만들며 공유하는 교육을 의미한다. 기존

의 주입식, 강의식 교육과 달리 학생 스스로 주체가 되는 학습자 중심 교육이다. 학생들은 직접 만드는 과정을 통해 창의적으로 문제를 해결하고, 재미를 느끼고, 친구들과 협력하는 생생한 경험을 하며, 주변과의 공유를 통한 나눔의 즐거움과 행복을 추구한다.

메이커교육은 메이커운동에서 처음 생겨났다. 메이커운동은 "오픈 소스와 공유 문화의 확산으로 일상에서 누구나 자신의 아이디어를 현실화시키며 변화를 이끌어내는 혁신가가 될 수 있다는 신념에 근거"하며, "자발적인 네트워크 공동체 안에서 시간과 아이디어의 주고받음에서 생성되는 상호 호혜적인 관계들에서 가치를 창출"하겠다는 철학을 지니고 있다.

메이커교육은 유튜브와 같은 영상을 제공하는 웹사이트에서 공유되는 자료를 학습 및 정보 습득에 적극적으로 활용한다. 그뿐만 아니라 스스로 제작자, 즉 영상 크리에이터가 되어 사이버 공간에서 마음껏 의견을 공유하는 '디지털 네이티브'라고 불리는 밀레니얼 세대들의 성향과 잘 부합하고 있다.

메이커교육을 위한 아이디어

컴퓨팅 사고력 및 소프트웨어교육 발전에 중추적인 역할을 했던 시모어 페퍼트(Seymior Papert) 교수는 메이커교육의 학습에 대한 아이디어를 다음과 같이 8가지로 정리하였다.

- 경험을 통한 학습: 학생이 원하는 것을 만들기 위해 기존에 배웠던 것을 이용하기
- 만들기 재료로서의 기술: 만드는 과정 속에서 디지털 기술을 활용하기
- 힘들면서도 재미있는 일: 쉽지 않으면서도 즐겁고 재미있게 학습할 수 있는 방안 찾기
- 학습하는 것을 배우기: 학습이 누군가에게서 가르침을 받는 것이 아니라 스스로 찾아보고 배우는 것이라는 것을 깨우치기
- 시간을 갖기: 중요한 일을 하기 위해서 시간 관리하는 법을 배우기
- 실패의 경험 없이 제대로 이해할 수는 없다는 것 깨닫기: 어떤 것도 단번에 성공하기는 힘들다는 것을 알고 실패의 경험을 통해 바꾸고 노력해야 할 것을 깨닫기
- 학생들이 하는 것을 어른들이 한 번 해보기: 교사가 혹은 부모가 학습을 위해 어려움을 겪으면서 노력하고 있는 모습을 학생에게 보여주기
- 디지털 세계로 들어가기: 학습을 위한 모든 장에서 당장 컴퓨터를 이용하기

메이커교육은 특정 단계나 과정이 정해져 있는 것이 아니다. 학습자, 교육 상황 등에 따라 메이커교육의 방법이 달라질 수 있다. 메이커교육의 유형은 팅커링(Tinkering), 프로젝트 학습(PBL), 오픈 포트폴리오(open portfolio)의 세 가지로 구분된다.

- 팅커링: 특정 목표와 결과보다는 즐기는 성향과 호기심 그 자체를 추구하는 것으로 다양한 가능성을 탐구해보는 과정을 의미한다.
- 프로젝트 학습: 자신이 선택한 만들기 주제를 자신의 프로젝트로 진행해가는 과정을 말한다.
- 오픈 포트폴리오: 과정중심의 포트폴리오와 e-포트폴리오의 성격을 모두 갖추고 있으며, 온·오프라인의 공간에서 학습자가 스스로 경험한 만들기의 과정부터 결과물을 공개하고 공유하는 일련의 활동이다.

메이커교육의 가치

아이디어가 아이디어에 머물지 않고 이를 현실화시키며 변화를 이 끌어내는 혁신자가 될 수 있다는 신념에 근거한 메이커교육은 다 양한 교육적 가치를 가진다. 그중 주요 교육적 가치를 몇 가지 정 리하면 다음과 같다.

- 주도성 & 자발성: 메이커교육은 학습자로서의 참여자가 만들기 주제를 직접 정한다. 누구는 드론을 만들고 싶고, 누구는 게임을 만들고 싶어 한다. 서로 관심사가 다르기 때문에 만들기 주제 역시 다를 수밖에 없 다. 즉 자신이 주도적으로, 자발적으로 주제를 선택하고 만든다. 만들 기 과정에서 어려움에 봉착하거나, 예상과 달리 문제가 해결되지 않는 상황을 만나고 과정 중에 실수와 실패가 발생하지만, 학습자는 자신이 선택한 주제이기 때문에 책임을 다하려 하고, 실수와 실패를 패배라기

보다는 도전하고 수정하여 성장하는 발판으로 삼는다.

- 공감 & 즐거움: 만들기는 인간에 대한 공감을 바탕으로 무엇인가를 만드는 창작의 활동이다. 메이커가 무엇을 만드는 행동은 창작의 범위에는 문제점을 찾아 해결하거나 더 실용적인 물건을 만드는 발명의 의미가 포함될 수 있지만, 항상 새롭고 문제점을 해결하는 무엇을 만들 필요는 없다. 지나치게 문제점을 찾아 해결하거나 더 실용적인 물건을 만드는 것에 초점을 맞추다 보면 오히려 창의적인 생각과 도전이 제한될 수 있다. 특히 공감하기 어려운 문제의 해결 방법을 찾아보라고 하는 것은 지속적인 탐구 과정을 기대하기 어렵다. 나 자신을 공감하고 즐거움을 느끼는 만들기야말로 지속성을 가질 수 있다. 즉 지속해서 생각을 표현하고 시도하는 메이커교육이 되려면 학습자가 공감하고 흥미를 찾고 즐거운 과정이 되어야 한다.

- 과정 & 시도: 메이커교육은 '무엇을 만들어 보겠다, 시도해보겠다'는 과정이다. 그래서 방법도, 걸리는 시간도 사람마다 다르다. 메이커교육은 답이 없다. 정해놓은 조건이 없기 때문에 자연스럽게 각자의 과정이 중요해진다. 누구는 코딩이 필요하다 판단할 수 있고, 누구는 목공기술이, 누군가에게는 끊임없는 풀칠이 필요하다 판단될 수 있기 때문이다. 메이커교육에서는 학습자가 자신들의 방식으로 문제를 해결하도록 기다려주고 지원한다. 누군가는 친구에게 말하는 과정에서 해결책을 발견할 수 있고, 또 다른 누군가는 혼자 골똘히 고민해야 해결책이 떠오를 수도 있다. 어떤 학습자는 재료 탐색 과정에서 해결책을 발

견할 수 있고, 또 다른 학습자는 이곳저곳을 돌아다녀야 생각이 정리될 수도 있다. 일부는 자신의 과정을 순서도로, 혹은 지도로 그려보는 방법을 택할 것이다. 이처럼 메이커교육은 각자의 방식으로 각자의 속도에 따라 학습을 진행할 수 있는 다양한 시도가 허용된다.

- **협업 & 공유**: 메이커교육에서 추구하는 공유란 완성된 작품을 소개하고 그 기술을 무조건 대중에게 공개하는 것이 아니라, 배우고 만드는 과정을 함께 나누며, 그 속에서 자연스럽게 도움을 받고 도움을 돌려주는 과정을 경험해보는 시간을 의미한다. 지식과 경험을 공유함으로 나눔을 실천하다 보면 다른 사람들에게 피드백을 받고 관심 있는 사람들과 네트워크가 생기기도 한다. 무엇을 만들 때, 혹은 새로운 것을 학습하고자 할 때 비록 방안에서 혼자 작업하고 있더라도 사실 그 안을 자세히 들여다보면 많은 부분이 혼자 이루어지지 않는다. 때로는 자신이 겪는 과정을 공유하며, 자신도 모르게 다른 사람들에게 또 다른 영감을 전달해주기도 한다. 이처럼 협업은 공유 문화와 일맥상통하는 부분으로, 나의 문제 혹은 어려움을 공유하다 보면 만들기 과정에서 자연스럽게 협업이 일어난다. 프로젝트의 진행 역시 혼자 진행할 수 없는 주제를 함께 진행할 수도 있고, 관심사가 비슷한 개인의 프로젝트들이 만나 공동의 작업이 되기도 한다. 또는 자신은 만들 줄 아는 작품을 다른 메이커가 어려움을 겪고 있다면 알려주고 도와줄 수도 있다. 협업을 통해 다른 사람과 의사소통하는 능력을 기르고 함께 만드는 즐거움을 경험할 수 있다.

휴먼웨어교육
Humanware Education

휴먼웨어(Humanware)란 인문사회적 의미로는 해당 분야에 관련된 인적 자원(Human Resourse)으로서의 의미를 지니고 있다. 한편 과학공학적 의미로는 하드웨어와 소프트웨어를 사용자 요구에 맞게 기계적인 환경에서 인간친화적 환경(Human Friendly Environment)으로 만들어가는 것을 의미한다. 4차 산업혁명을 이끌어가는 것은 과학기술이지만, 그 기술들을 인간이 어떻게 제어하고 활용하느냐에 따라 결과는 얼마든지 달라질 수 있다는 시각이다.

휴먼웨어교육이란?

휴먼웨어교육(HWE: Human-Ware Education)을 인문사회적으로 접근하면 교육 분야의 인적 요소에 교육수요자(학생, 학부모), 교육공급자(교사와 교직원)를 모두 포함한다. 최근에는 지역공동체 구성원까지 포함시킨다. 과학공학적 접근에서는 교육의 내용 요소가 되는 소프트웨어와 교육의 환경 요소로 지칭할 수 있는 하드웨어를 포괄하는 것으로 설명할 수 있다. 즉 휴먼웨어 교육은 '교육 수요자의 요구'와 '교육 공급자의 역할'을 반영하는 한편, '교육 소프트웨어로서의 내용 요소'와 '교육 하드웨어로서의 환경요소'를 미래 사회의 변화에 맞게 지속적으로 교육적 개선을 추진하는 것을 의미한다.

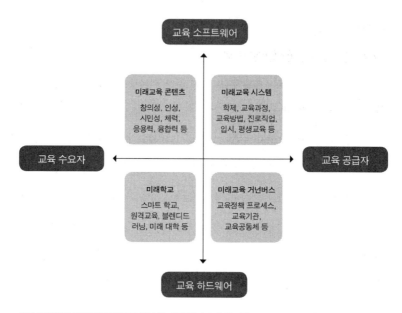

인문사회학적·과학공학적으로 접근한 휴먼웨어 교육의 개요
'교육 수요자의 요구'와 '교육 공급자의 역할'을 강화하며, '교육 소프트웨어로서의 내용 요소'
와 '교육 하드웨어로서의 환경 요소'를 미래교육의 변화에 반영해야 함을 강조한다.

휴먼웨어교육의 역할

미래교육이 구체적으로 어떻게 변화할지, 미래의 교실은 어떤 모습일지를 정확히 예측할 수는 없다. 하지만 적어도 교실이라는 공간에서 교사는 일방적으로 가르치고 학생은 가만히 앉아서 배우며, 정해진 교육과정에 따라 천편일률적 수업이 이루어지고, 표준화된 잣대로 학생들을 평가하는 등의 전통적 교육 방식이 계속되지 않을 것임은 분명하다. 교육의 전통적 모습은 크게 변화될 것이고, 미래학교는 완전히 새로운 모습으로 재설계될 것이다.

앞으로 종이 교과서는 디지털 교과서, 모바일 북으로 대체되고, 교실에서의 오프라인 집합교육은 온라인 화상교육, 블렌디드 러닝 등으로 바뀔 것이며, 미래 교육 공간은 스마트 교실이 될 것이다. 전자칠판은 물론이고 AR/VR, 홀로그램, 인공지능 등 첨단기술들이 도입되는 미래교실은 학생들에게 정말 새로운 학습 경험을 제공해 줄 것이다.

4차 산업혁명 기술들은 교육 현장 및 교수-학습 방법에도 광범하게 적용돼 이른바 **에듀테크(EduTech)**로 발전하고 있다. 에듀테크는 '교육(Education)'과 '기술(Technology)'의 합성어인데, 종이와 연필, 교실 학습 중심으로 이루어졌던 교육 환경과 전통적 교수학습법에 혁신적인 ICT 기술이 적용되어 기존과 다른 새로운 교육환경 및 학습 경험을 제공하는 것을 말한다. ICT 기술의 발전과 함께 오프라인 중심이던 교육은 이러닝, 유러닝으로 발전해왔고, 이것이 블렌디드 러닝, 하이브리드 러닝 등으로 진화하고 있다.

앞으로의 교육 영역에서 학교 수업은 물론이고 개인의 학습 전반에 걸쳐서 인공지능의 사용은 점점 더 확대될 것이다. 인공지능이 교육 전반에 도입되면 개인은 인공지능을 활용하여 개별학습 진단을 할 수 있을 뿐만 아니라, 진단 결과를 바탕으로 맞춤형 교육 콘텐츠를 추천받아 개인별로 특화된 학습을 하게 될 것이다. 집에서도 모든 학생들이 인공지능 학습 도우미나 인공지능 튜터에게 언제든지 학습 지도를 받을 수 있기 때문에 학습 효율은 획기적으로 높아질 것으로 기대된다.

그동안 학교와 교실에 국한되었던 공간에 대한 혁신 또한 큰 변화가 예측된다. 우리가 이미 코로나19로 경험했듯이 학습 장소로서의 교실이나 학교의 의미는 점점 더 퇴색할 수밖에 없다. 모든 것이 연결되는 초연결 사회에서는 장소나 시간에 구애받지 않고, 언제 어디서나 학습할 수 있게 될 것이기 때문이다. 학교에 가지 않아도 수업이 가능하고 원거리에서도 실시간 수업이 가능하다. 특히 전문적인 과정이나 이론 중심 교육의 경우에는 대부분 온라인 수업으로 진행해도 큰 어려움이 없게 되었다.

휴먼웨어교육은 이러한 교육환경의 급격한 변화의 과도기적 상황에서 나타나는 기계적 학습환경을 좀 더 인간친화적 환경으로 전환시켜주는 역할을 지니고 있다. 즉 미래 학습자의 환경과 학습자 콘텐츠를 인간의 고유한 가치와 인류가 추구해야 할 가치를 담아내는 역할을 하게 될 것이다. 교육 수요자와 공급자의 요구, 교육 소프트웨어와 하드웨어 영역의 변화에 있어 그 방향을 설정하고 설계해가는 기준이 인간이어야 한다는 뜻이다.

교육 수요자의 요구 증가

미래의 교육환경에서는 학습자의 맞춤식 개별화 교육방식과 몰입형 체험 콘텐츠가 중요해지면서 다양한 교육 단계와 대상자의 학습능력이라든가 특성 등을 두루 고려한 세분화된 교육적 접근이 빠르게 증가할 것이다. 맞춤식 교육은 학습 내용과 집단 구성 방식에 따라 차별화(differentiation), 개인화(individualization), 개별화(personalization) 교육으로 구분해볼 수 있다. 이에 관한 내용을 좀 더 정리하면 다음과 같다.

- **차별화**: 모든 학생의 교육 목표와 내용은 동일하지만 교수 방법에 있어서는 학습 속도와 선행학습 정도를 반영하여 소규모 집단별 수업을 하는 것을 의미한다.
- **개인화**: 모든 학생의 교육 목표와 내용은 동일하지만, 교수 방법에 있어서는 학습 속도와 선행학습 정도를 반영하여 개인별 지도를 해야 한다.
- **개별화**: 각 학생의 교육 목표와 교육 내용이 다르고 교수 방법도 다르게 이루어지는 것을 말한다.

몰입형 체험 콘텐츠의 경우 학생들의 직·간접적 체험을 넘어 생활 속 도구, 나아가 신체 일부로까지 적용되면서 지속적으로 확대되어갈 것이다. 4G에 비해 데이터 전송 속도가 1,000배 빨라지는 5G 시대가 일반화되면 문자언어 중심의 교과서가 차지해온 자리는 영상과 체험 중심의 증강현실(AR: Augmented Reality)과 가상현실(VR: Virtual Reality)이 상당 부분을 대체하게 될 것이다. 예컨대 과거 체육수업에서는 쉽게 접하지 못했던 양궁, 야구, 테니스, 볼링 등의 놀이를 가상현실(VR) 체험교육을 통해 경험할 수 있다. 아울러 미세먼지, 우천 등 날씨의 영향에서도 벗어날 수 있고, 부상의 위험이나, 코로나19와 같은 거리두기에서도 안전을 확보할 수 있을 것이다. 평소 체육시간에 소극적이었던 학생들도 쾌적한 실내 환경에서의 가상현실 스포츠에서는 참여도가 높아져 신체활동을 증가시키고 다양한 자극의 증가와 창의성 및 상상력의 증진을 유도하여 더욱 다양한 자아 발견과 꿈을 펼쳐 나가는 상황이 펼쳐질 것이다. 그리고 이러한 변화는 교육에만 머물지 않고, 일상생활에서도 3D 홀로그램 영상 메시지 등 IoT 기반 생활시설과 문화가 일상이 될 것이며, 인공지능(AI)이 장착된 신체 기기와 감각 기능, 두뇌까지 학생들의 주변 삶 전반으로 변화가 확장될 것이다.

이처럼 학습자 맞춤식 개별화 교육 수요와 몰입형 체험 콘텐츠의 다양한 등장은 우리 교육 현장에 전혀 새로운 양상을 가져오게 될 것이다.

교육 공급자의 역할 확대

교사들은 학습자의 맞춤식 개별화 교육을 위해 '테크놀로지 기반 맞춤형 학습(TBL: Technoligy Based Learning)'을 활용하게 될 것이다. 기존의 학교 교육에서 보여지는 테크놀로지 적용은 다음과 같이 세 가지 단계로 나누어진다.

- 1단계: 학생의 수행 정보 및 교사의 평가 결과 등의 자료를 디지털화하여 저장하고 활용하는 단계
- 2단계: 컴퓨터 보조학습으로 기존의 정보 저장을 넘어서 교사의 수업 외에 보조적으로 컴퓨터를 통한 학습 내용을 보충하여 제공하는 형태
- 3단계: 인공지능이 학습자에 맞추어 교수·학습 내용을 결정하고, 컴퓨터나 모바일 기기를 통해 학습이 이루어지도록 하며, 그 결과를 평가하여 빅데이터로 관리하는 방식

현재의 학교들은 2단계의 수준에서 테크놀로지를 활용하고 있다. 하지만 앞으로의 학교에서는 3단계와 같은 '테크놀로지 기반 맞춤형 학습'이 확산될 것이다. 즉 테크놀로지를 활용하여 학생 스스로 학습하고, 이 과정에서 쌍방향 학습이 이루어진다. 자기주도적 학습이 이루어지기 위해서는 초기에 학습자들이 혼자서 스스로 성취하기 힘든 것을 성취 가능하도록 도와주는 전문가가 필요하다.

이러한 테크놀로지 기반 맞춤형 학습은 올해 코로나19로 인해 온라인 원격수업이 전면적으로 시행되면서 이미 일부 학교들이 도입하여 실시하고 있다. 하지만 대부분의 학교에서는 기반 구축의 어려움으로 인해 전면 시행에는 여러 문제를 겪고 있는 형편이다. 또한 학습자 환경에 따른 디지털 격차와 그로 인한 학력 격차가 생기다 보니 시행상의 여러 가지 문제가 얽혀 있는 실정이다.

몰입형 체험 콘텐츠의 경우에는 다양한 대상과 수준의 학습자들

을 위한 맞춤형 교육용 콘텐츠 제작이 활발히 이뤄질 전망이다. 학습자에 따른 개별적 요구의 증가로 인해 수많은 콘텐츠의 기획과 제작이 진행될 것이다. 이러한 상황에서 교사들은 다양한 분야에서 협업에 참여하게 되고, 교육 콘텐츠를 학습의 과정에 활용하는 방법을 기획하고, 다양한 콘텐츠의 제시를 통해 다양한 수준의 학생들이 스스로 확장적 학습 과정을 만들어 나갈 수 있도록 안내해 주며, 그 과정에서 자연스럽게 미래에 요구되는 핵심역량을 함양을 할 수 있도록 준비해야 한다.

휴먼웨어교육은 이러한 교육 수요자들의 맞춤식 개별화 교육과 확장되는 몰입형 체험 콘텐츠의 요구, 그리고 이에 부응하기 위한 교육 공급자들의 역할이 증가하는 상황에서 여러모로 기여하는 바가 클 것이라고 기대된다. 예컨대 교수학습의 개인화, 분절화, 탈사회화 등과 같은 교육 현상, 그리고 학습 도구와 학습 방법에 있어 인간과 기계와의 관계가 중심이 되는 기계적 학습 환경들이 지닌 문제들을 인간 친화적인 환경으로 그 방향을 바꿔 나가는 기능 등을 해나갈 것이다.

인공지능의 발달로 **포스트 휴먼**(Post Human)까지 예고되는 바이다. 머지않아 포스트 휴먼은 교실 또는 생활 속에서 학습자로서 또는 동료로서 어우러져 살게 될 것이다. 이러한 상황에서 휴먼웨어교육은 인류가 호모사피엔스(Homo Sapiens)로서의 감성과 자기 성찰을 발휘할 수 있도록 방향을 유지해야 한다.

인문학과 과학기술의 융합

휴먼웨어교육은 교육 수요자와 공급자 중심의 영역에서의 역할뿐만 아니라 교육 소프트웨어와 하드웨어 영역에서도 동일하게 역할이 요구된다.

4차 산업혁명 시대에는 과학과 기술 교육이 중요함과 동시에, 문학, 예술, 철학, 역사와 같은 인문학적 소양교육을 강화시키는 것도 중요하다. 첨단 과학기술이 아무리 발전하고, 인공지능이 인간의 능력을 넘어선다고 하더라도 인문학적인 질문에 대한 답을 제시해 주지 못한다. 인간의 궁극적인 삶의 목적과 의미는 오직 인간 자신이 스스로 찾아야 하기 때문이다. 인간의 미래는 인간 자신이 만들어야 하며, 미래를 결정하는 것은 첨단 기술이 아니라 바로 첨단 기술을 사용하는 인간이어야 하기 때문이다.

이미 스티브 잡스(Steve Jobs, 1955-2011)가 "기술과 인문, 하드웨어와 소프트웨어를 융합시켜야만 미래를 선점할 수 있다"고 강조한 바 있다. 이처럼 인문학이 과학, 공학 및 기술과 접목되었을 때 미래 사회를 대비하는 데 더욱 가치를 발할 것이다. 구글과 애플 같은 세계적인 기술 선도 기업들도 "인문적 감성과 창의적 기술의 융합은 기술 개발의 방향과 가속, 새로운 사업에 관한 통찰력과 시야의 확장을 보장하는 필수 요소"라는 경영관으로 기업의 인사제도에서 이러한 역량을 반영하기 위한 정책을 강화하고 있다.

우리나라 개정 교육과정 총론의 교육과정 구성 중점의 '가'항에서도 "인문·사회·과학기술 기초 소양을 균형 있게 함양하고, 학생의 적성과 진로에 따른 선택학습을 강화한다."고 명시하며, 미래 사회가 요구하는 창의융합형 인재를 육성하기 위해 인문, 사회, 과학기술의 균형 있는 교육과정을 구성할 것을 강조하고 있다.

4차 산업혁명 시대에 강조되고 있는 창의융합형 인재가 자라날 수 있는 토양은 결국 **인문학**(Humanities)이며, 이는 학생들의 인간 친화적이고 인류 가치를 지닌 인류애적 사고를 발휘할 수 있는 바탕이 된다. 그리고 이러한 사고를 현실로 실현할 수 있게 해주는 것이 바로 과학기술적(Scientific Technologies) 역량이다.

인문학적 상상력을 담고 있는 교육의 소프트웨어(교육내용, 콘텐츠)와 과학기술적 역량을 기반으로 하는 교육의 하드웨어(교육환경, STEM[7])의 융합을 추구하는 휴먼웨어교육은 앞으로 더욱 강화되는 상황으로 전개되어갈 것이다. 앞의 장에서 제시한 지속가능발전교육(ESD)과 세계시민교육(GCED) 또한 지구 환경과 인류 사회를 인간 친화적 환경으로 바꾸기 위한 '휴먼웨어교육'의 일환으로 볼 수 있다. 예컨대 세계 어디서든 기본적인 읽기, 쓰기, 산술 능력을 배울 수 있도록 하기 위한 인류애를 담은 소프트웨어 개발, 그리고 누구나 상관없이 온라인 학습 시스템에 자유롭게 접근할 수 있도록

---

7. STEM은 과학(Science), 기술(Technology), 공학(Engineering), 수학(Mathematics) 교육을 통해 미래 혁신을 주도할 융합형 인재를 육성하고자 하는 교육운동

하기 위한 디지털 정보격차 해소를 위한 하드웨어 개선 노력 등이 바로 휴먼웨어교육인 것이다. 곧이어 다루게 될 혼합교육으로서의 '블렌디드 러닝(Blended Learning)'과 융합교육으로서의 '프로젝트 학습(Project Based Learning)'은 방법적 측면과 내용적 측면에서 '휴먼웨어교육'을 실현해가는 여러 방안 중 바로 참고해볼 만한 좋은 사례가 될 수 있을 것이다.

교육 실천,
어떻게 가르칠 것인가?

미래교육이 어떻게 변화할지는 누구도 정확하게 예측할 수 없다. 하지만 최소한 교사가 일방적으로 지식을 전달하고, 학생들은 이를 수동적으로 학습하는 방식은 더 이상 교육적 의미를 가질 수 없다. 나아가 모든 학생에게 천편일률적 잣대를 적용하는 표준화된 평가 또한 달라질 것이다. 학습자 중심으로의 변화는 휴먼웨어교육이 지향하는 바이기도 하다. 이제부터 우리는 휴먼웨어교육을 어떻게 실천, 즉 어떻게 가르칠 것인가의 문제를 생각해보려 한다. 학교에서 휴먼웨어교육을 실천하는 여러 가지 방법이 있겠지만, 여기에서는 혼합과 융합에 초점을 맞추어 블렌디드 러닝과 프로젝트 학습을 중심으로 소개해보려고 한다.

블렌디드 러닝
Blended Learning

코로나19로 인해 온라인 수업이 활성화되었지만, 현장에서는 온라인 수업이 지닌 여러 가지 한계들로 인해 교사의 면대면 관리와 학습 및 생활 멘토링의 필요성이 학생들과 학부모들로부터 끊임없이 제기되고 있다. 이를 해결하기 위해 이미 현장에서도 다양한 교육적 접근이 시도되고 있으며, 좀 더 현실적으로 주목받고 있는 수업 전략이 바로 **블렌디드 러닝**(Blended Learning, BL)이다.

잘 알다시피 블렌디드 러닝은 학습 효과를 극대화하기 위해 온라인(원격) 수업과 오프라인(대면) 수업, 그리고 다양한 학습 방법을 혼합한 것으로 2000년 후반부터 미국의 일부 온라인 교육학자들이 사용하기 시작하였다. 블렌디드 러닝은 학생이 시간, 장소, 순서, 속도를 스스로 조절해가며 온라인 학습을 해나가는 동시에 집이 아닌 공간에서 일정 부분 교사의 관리와 멘토링을 받으며 학습해가는 방식이다. 학습 과정에서 학생들은 자신에게 적합한 학습 흐름과 형태에 따라 학습을 구성해 나갈 수 있다. 이러한 모듈식으로 구성된 학습 과정은 개별 맞춤화된 학습과 역량 기반 학습을 이뤄내는 데 적합하다.

블렌디드 러닝은 개별 맞춤화 학습과 역량 기반 학습에 동력을 불어넣는 엔진과도 같다. 우선 개별 학생에게 언제 어디서나 어떤 방향, 어떤 속도로든 학습할 수 있도록 해준다. 학생이 이미 알고 있는 개념은 빨리 넘기고, 요약할 때는 일시 정지하며, 복습할 때는 돌려보기나 천천히 재생하는 등의 기능들을 활용하여 자신의 수준이나 상황에 맞게 조절하여 학습할 수 있다. 이는 학습 목표라는 동일한 도착 지점을 향할 때, 학생들이 자신에게 맞는 서로 다른 길을 선택할 수 있게 해준다. 그뿐만 아니라 교사를 교실 수업이라는 특정 공간과 시간의 얽매임에서 자유롭게 해줌으로써 학습 설계자, 멘토, 촉진자, 평가자, 상담가 등이 되어 학생 한 명 한 명에게 다가설 수 있게 해준다.

블렌디드 러닝은 코로나19 팬데믹으로 인해 온라인 수업과 대면 수업을 병행하고 있는 상황에서 미래교육의 방법적 대안으로 급부상하고 있다. 우리가 블렌디드 러닝을 어떻게 이해하고 활용하느냐에 따라서 앞으로의 학교 교육과정의 운영 방식에도 큰 영향을 미칠 것이다.

블렌디드 러닝의 유형

블렌디드 러닝은 아직 불완전한 상태에서 계속해서 진화하고 있다. 오늘날 미국과 해외의 K-12(Kindergarten~12th Grade) 교육에서 관찰되고 있는 블렌디드 러닝의 유형을 정리하면 크게 순환 모델과 플렉스 모델, 알라카르테 모델, 강화된 가상 모델의 4가지로 나눠볼 수 있다. 관련된 내용을 좀 더 살펴보면 다음과 같다.

▪ 순환 모델

순환 모델(Rotation model)은 교사의 통제에 따라 면대면 수업과 원격수업을 정해진 시간에 따라 운영하는 방식으로서 기존 학교 공간에서의 대면 수업에서 온라인 수업으로 구현하기 좋은 것을 수용한 형태이다. 순환 모델은 다시 스테이션 순환 학습, 랩 순환 학습, 거꾸로 학습, 개별 순환 학습으로 구분된다.

① 스테이션 순환 학습 (Station Rotation): 학생들은 자신이 속한 학급 내에서 또는 교실의 그룹 내에서 순환 모델을 경험한다.

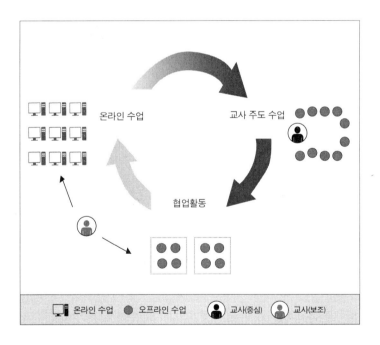

② **랩 순환 학습 (Lab Rotation):** 학생들이 온라인 학습을 위해 컴퓨터실을 거쳐 순환하는 모델이다.

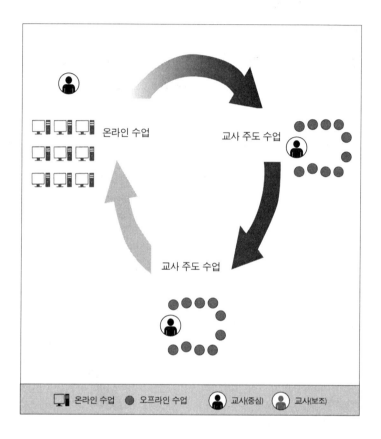

③ **거꾸로 학습 (Flipped Learning):** 가정에서는 온라인 학습에 참여하고, 대면으로는 교사가 이끄는 실습이나 프로젝트를 위해 학교에 출석하는 방식이다.

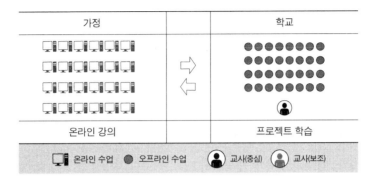

④ 개별 순환 학습 (Individual Rotation): 각 학생은 자신만의 개별활동 학습 계획을 수립하여, 각각의 스테이션이나 학습 형태를 자신의 학습 계획에 따라 필요한 만큼 순환 학습한다. 알고리즘이나 교사에 의해 각각 학생의 학습 계획이 관리된다.

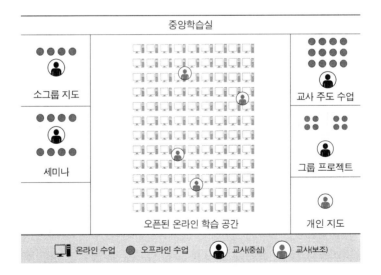

▪ 플렉스 모델

플렉스 모델(Flex model)은 온라인 학습이 수업의 중심이 되는 모델이다. 학생들은 여러 학습 형태 사이에서 개별적으로 만들어진 유동적 맞춤식 학습 계획을 통해 움직인다. 교사는 소그룹 수업, 그룹 프로젝트, 개인 지도 등의 활동을 할 때 필요에 따라 유연하고 상황에 맞는 면대면 도움을 제공한다.

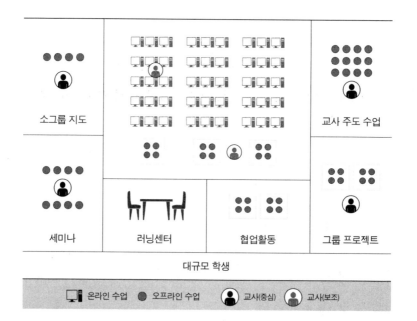

▪ 알라카르테 모델

알라카르테 모델(A La Carle model)은 학생들은 대부분 온라인으로만 강의를 듣고, 학교나 러닝센터에서는 그 외 경험을 쌓는 학습 방식이다. 학생들은 알라카르테 학습 과정을 학교나 다른 장소에서 수강할 수 있다. 학생들은 몇 개의 알라카르테 학습 과정을 수강하면서 또 다른 몇 개의 면대면 학교 학습 과정을 수강한다. 오늘날 사이버대학의 학부 내 전공수업 중 자신의 필요에 맞게 선택하여 온라인 수강하는 형태가 유사한 사례다.

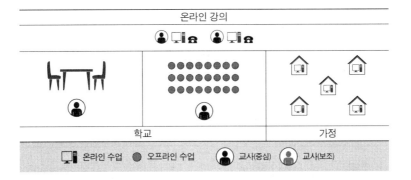

- **강화된 가상 모델**

강화된 가상 모델(Enriched virtual model)은 학생들은 성적 관리 등 교사와 만나는 필수 면대면 학습 시간을 가지는데, 그 외에는 자유롭게 학습 과제를 교사와의 만남 없이 완성해가는 학습 과정이다. 이는 학습자와 교수자의 접근성이 떨어지는 경우에 이뤄지는 블렌디드 러닝 모델을 의미한다.

블렌디드 러닝의 온라인 학습이 기존의 교실 수업을 넘어서기 시작하면서 학교는 그 역량을 다른 중요한 일에 집중하기 시작했

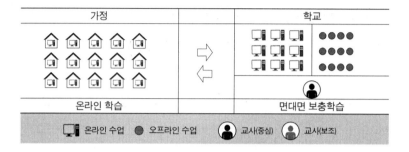

가정		학교
온라인 학습		면대면 보충학습

<table>
<tr><td>□ 온라인 수업</td><td>● 오프라인 수업</td><td>(사람) 교사(중심)</td><td>(사람) 교사(보조)</td></tr>
</table>

다. 예를 들면 우수한 면대면 멘토링, 롤 모델, 토의토론, 풍부한 경험, 깨끗하고 만족스런 물리적 환경, 집단 따돌림의 근절, 영양을 고려한 식단, 건강관리 독려, 예체능 프로그램, 학생의 재능 발현을 위한 지원 등이 이에 해당한다.

미래학교는 더 이상 고정화된 학습 내용과 형태, 그리고 수업 방식을 제공하는 기관이 될 필요가 없다. 오히려 다른 핵심 서비스에 능력을 집중할 필요가 있다. 즉 수업이 온라인으로 많은 부분이 옮겨가면서 학교가 그동안 시간과 공간, 자료 등이 부족하여 미처 시도하지 못했던 활동들에 더 집중해야 할 것이다. 그러한 활동들이 학교를 한층 더 의미 있는 교육 주체로 거듭나게 해줄 것이다.

---

8. 능동적 학습의 장(ALF: Active Learning Forum)은 온라인 화상교육 영상분석 시스템이다. 화상채팅 중 시선이나 표정 등을 분석해 곧바로 화면에 이를 띄워 교수뿐만 아니라 채팅에 참여하고 있는 학생들에게도 표시된다. 또 음성 인식 시스템은 학생 한 사람 한 사람의 발언 빈도를 다른 색으로 표시해준다. 이를 기반으로 교수는 해당 학생을 대상으로 맞춤형 개별화 학습을 진행할 수 있다.

블렌디드 러닝 사례

다음에서 미네르바 스쿨의 블렌디드 러닝 사례를 하나 소개하려고 한다. 블렌디드 러닝이 실제 어떻게 이뤄지고 있는지를 이해하는 데 도움이 될 것이다.

미네르바 스쿨의 수업은 '블렌디드 러닝(Blended learning)' 방식이다. 수업 준비 과정에서 학생은 책, 뉴스, 테드(TED), 유튜브 동영상 등 다양한 관련 자료를 숙지해야 하고, 이를 바탕으로 본 수업에서 활발한 토론이 이뤄진다.

학생은 수업에 참여하기 위해 학교가 자체 개발한 컴퓨터 프로그램 '능동적 학습의 장(ALF · Active Learning Forum[8])'을 켠다. 프로그램에 접속하면 교수, 학생의 화상이 모니터에 나타난다. 수업을 시작할 땐 항상 사전 평가를 한다. 학생이 수업 준비를 잘 했는지 확인하는 과정이다. 그 다음에는 그날 공부할 내용을 주제로 토론하는 등 본 수업이 이뤄진다. 대화 참여도가 낮은 학생은 교수가 알아볼 수 있게 빨간색으로 표시된다. 교수는 슬라이드, 서로 필기할 수 있는 칠판 등을 모두의 화면에 나타나게 할 수도 있다. 찬반토론을 할 때도 의자를 옮길 필요 없이 온라인 상에서 쉽게 조를 구성할 수 있다. 수업 막바지에는 자기 스스로 피드백을 하는 발표 시간을 갖는다.

학습 내용의 핵심은 'HC(Habits of Mind and Foundational Concepts)'로 불리는 '사고(思考) 방법론'이다. ▲비판적 사고력 ▲

창의적인 생각 ▲효율적인 의사소통 ▲효과적인 상호작용 등 크게 네 가지로 분류된 핵심역량을 습득하기 위해 120여 개로 잘게 쪼갠 개념을 공부한다. 1학년은 네 가지 역량을 공부하는 4개 수업만 듣는다. 2학년 때에는 전공 분야를 정하고, 자신의 전공 분야에서 HC를 활용하는 법을 배운다. 3학년 때에는 전공을 다른 분야와 융합하는 방법론을 공부한다. 4학년은 1년 동안 프로젝트를 진행하며 그간 배운 HC를 활용하는 연습을 한다.

미네르바 스쿨

미네르바 스쿨 재학생은 책상에서 토론하는 것뿐만 아니라 현장 과제도 수행한다. 'LBA(Location Based Assignments)'로 불리는 현장형 과제가 대표적이다. 학생들은 기숙사가 위치한 도시에서 학습 내용을 적용할 수 있는 주제를 정해 프로젝트를 진행해야 한다. 미국(샌프란시스코), 영국(런던), 독일(베를린), 아르헨티나(부에노스아이레스), 인도(하이데라바드), 대만(타이베이)과 한국(서울)까지 총 7개국에 미네르바 스쿨 기숙사가 있다. 학생들은 각국의 사회·문화를 경험하고 국제적인 감각을 기를 수 있다.

프로젝트 학습
Project Based Learning

프로젝트 학습(PBL: Project Based Learning)은 20세기 초 진보주의 교육사상가인 킬패트릭(Kilpatrick)의 프로젝트 방법(Project method)을 기저로 하여 교육 현장에서 오랜 시간 학습자 중심 수업의 대명사처럼 여겨져 왔다. 지금의 프로젝트 학습은 여기에서 한층 더 발전된 형태로 진화하였다. 다시 말해 학생 주도 수업에 **인류의 가치**를 반영하고자 하였고, 탐구활동 속에서 학생의 **배움과 성장**을 강조함과 동시에 수업 설계와 진행에서 **교사의 역할을 강화**했다. 이러한 프로젝트 수업의 주요 특성에 대해 좀 더 구체적으로 살펴보자.

프로젝트 수업의 구성요소

이미 교실에서 프로젝트 수업을 실천하고 있는 교사들도 많을 것이다. 오랜 시간 학생 중심 수업의 대명사처럼 여겨져온 까닭에 프로젝트 수업에 대해서는 잘 알고 있겠지만, 구성요소를 중심으로 간략히 정리하면 다음과 같다.

- 가치 있는 수업 목표: 프로젝트 수업은 교육과정이 담고 있는 성취기준과 핵심역량 중심의 학습 내용뿐만 아니라 인류 공동체가 추구해야 할 의미 있는 가치와 개념을 학습 내용으로 다룬다.

- **수행해야 할 탐구 질문**: 탐구 질문은 학습을 한층 의미 있게 만들며, 학습에 목적을 부여해준다. 프로젝트 수업은 학생들이 해결하고 탐구해 나아가야 할 탐구 질문을 공유하고 선정하고 습득하는 의미 있는 과정을 갖게 해준다.

- **심층적인 탐구 과정**: 프로젝트 수업은 학생들이 탐구 문제에 대한 도전의식과 목표의식을 갖고 질문하고, 자료를 찾으며, 이를 활용하고 해결책을 발견하여 삶의 모습으로 연결짓는 등의 심층적 탐구 과정을 거치도록 유도하게 된다.

- **현실 생활과 연결**: 학습의 경험들을 가능한 현실 생활에서 일어나는 상황과 연결시킴으로써 교육활동을 한층 더 의미 있는 활동으로 만들게 되고, 학생들 또한 배움에 좀 더 가깝게 다가서고 생생하게 경험할 수 있게 해준다.

- **학생의 자기주도성 발휘**: 학생들이 수업 전반에 걸쳐 자신의 생각을 정리하고 표현하는 과정을 경험함으로써 스스로 선정한 주제나 문제를 해결하기 위해 노력하는 자세를 성장시킨다.

- **결과물의 표현과 공유**: 프로젝트 수업은 함께 힘을 모아 결과를 도출하는 수업 형태로, 모든 학생들이 성취감을 맛볼 수 있는 중요한 표현과 공유의 과정을 지닌다.

- **건강한 상호비평을 통한 성장**: 학생들은 피드백을 통해서 자기 자신의 성취 수준을 점검하고 개선할 기회를 얻게 되며, 서로의 작업을 날카로운 시각에서 면밀히 살피는 법도 배운다. 그뿐만 아니라 어떻게 하

면 발전을 위한 제안을 할 수 있는지도 함께 배우게 된다.

- 최종 결과물의 발표 및 공개를 통한 성취감: 이러한 기회를 통해 학생들은 자신들의 결과물과 성취를 자랑스럽게 생각하게 되며, 이러한 변화와 성장은 학부모의 지지와 학교교육에 대한 신뢰로 이어진다.

- 학생과 교사의 성찰을 통한 발전: 학생과 교사는 프로젝트 수업 전반에 걸쳐 지속적인 성찰의 과정을 가져야 한다. 이러한 성찰은 그 자체로 프로젝트 수업의 순조로운 진행과 완성도 높은 결과 및 수업 목표를 달성하는 데 매우 중요하고 의미 있는 과정이 된다.

프로젝트 수업의 구성요소
프로젝트 수업은 다양한 주제로 다양하게 디자인 및 응용할 수 있지만, 크게 위의 9개 요소를 고려하여 디자인한다면 의미 있는 프로젝트 수업을 진행할 수 있을 것이다.

프로젝트 수업의 설계

아무리 학생 중심으로 수업이 이루어지는 것이 중요하다고는 해도 교사의 적절한 개입 없이 모든 것을 무작정 학생들에게만 맡기는 것은 위험하다. 자칫 흥미 위주의 활동에 머물면서 배움으로 제대로 이어지지 않은 채 끝나버릴 가능성이 높기 때문이다. 따라서 이러한 수업일수록 설계자로서 교사의 치밀한 능력 발휘가 요구된다.

프로젝트 학습이 추구하는 교육목표를 달성하는 한편 학생 중심 수업으로 제대로 이루어지기 위해서는 프로젝트 학습의 설계 단계에서 교사의 철저한 준비가 필요하다. 여러 가지 고려사항이 있겠지만, 특히 설계 단계에서 고려해야 할 내용을 정리하면 다음과 같다.

첫째, 추구하는 가치에 따른 목표와 방향 결정하기

프로젝트 수업을 통해서 추구하고자 하는 가치가 무엇인지에 대한 명확한 목표와 방향이 있어야 한다. 명확한 목표의 제시는 프로젝트 수업의 성공적인 출발을 결정하는 기준이 된다.

둘째, 교육과정 목표를 설정하고 교육계획 수립하기

프로젝트 수업에 대한 명확한 목표와 방향이 정해지면, 그에 맞게 교육과정 목표를 설정하고, 전반적인 학사 운영에 대한 교육계획을 수립해야 한다.

셋째, 프로젝트 주제를 선정하고 교육과정 재구성하기

교육과정의 내용요소와 성취기준을 잘 분석하고, 이들을 포괄할 수 있는 개념과 주제를 선정하여 이에 맞는 교육과정을 재구성한다.

넷째, 구체적인 프로젝트 수업 구상안 작성하기

수업 구상안 작성하기와 관련해서는 학습 목표 수립, 학생 수준 확인, 탐구 질문 작성, 결과물 예정 등 다음과 같은 내용들을 고려해야 한다. 세부 내용을 살펴보면 다음과 같다.

- 학습 목표 수립하기: 정해진 프로젝트 주제와 재구성된 교육과정 속에 담긴 성취기준과 핵심역량을 인식하여, 학생들이 무엇을 배워야 하는지를 분명하고 구체적으로 반영한 학습 목표를 수립한다.
- 학생 수준 확인하기: 수업을 계획하는 단계에서 가르치는 학생들의 프로젝트 경험 여부, 학생들이 지닌 특별한 재능과 성향 등 프로젝트 수행에 도움이 될 만한 점들을 파악한다.
- 탐구 질문 작성하기: 좋은 탐구 질문은 학생들의 흥미를 불러일으키는 동시에, 프로젝트의 핵심 아이디어, 질문, 지식에 관심을 집중하게 하는 데 있다. 또한 탐구 질문은 교사가 프로젝트를 계획하는 데 있어 가이드 역할을 해줄 것이다.
- 학습 결과물 선정하기: 학생들이 프로젝트 수업을 통해 학습한 것에 대해 토론하고 증명하는 하나의 방법이다. 학습 과정 전체를 지켜보지

못한 학부모와 지역사회 구성원들의 경우 학습 결과물만을 보게 되므로 그들 입장에서는 학습 결과물 그 자체가 프로젝트이기도 하다.

■ 학습 결과물 전시 방법 결정하기: 결과물을 공개하고 전시하는 방법에는 프레젠테이션, 연극, 영상 페스티벌, 시낭송회, 작품 전시회, 박람회, 각종 축제, 출판물 제작 등이 있을 수 있으므로 이에 관련된 사전 조사나 준비 과정이 필요하다.

■ 프로젝트 수업 구상안 점검하기: 학생들의 관점이나 동료교사, 관리자의 입장이 되어 점검한다면 프로젝트 수업 개선을 위한 아이디어를 발산하는 데 좀 더 수월할 것이다. 예컨대 '프로젝트의 가치와 주제, 학습목표, 탐구 질문, 결과물 등이 서로 잘 어우러지는가?', '주어진 상황과 한계점을 고려할 때 프로젝트가 적절하며 실행 가능한가?' 등과 같은 점검 과정이 필요하다.

프로젝트 수업의 실천

앞서 소개한 내용을 기반으로 프로젝트 수업을 실천하는 과정을 정리해보면 다음과 같다.

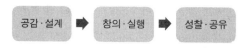

프로젝트 수업의 과정
교육목표를 잘 달성할 수 있게 돕는 올바른 설계 위에서 학생들이 창의적으로 배움을 실천할 수 있게 하며, 배움의 결과를 성찰하고 공유하는 것이 프로젝트 수업의 주요 과정이다.

첫째, 공감 및 설계

여기에서는 도입활동과 탐구 질문에 관한 것들, 어떤 결과물을 이끌어낼 것인지 등에 관한 고려가 필요하다. 좀 더 자세히 살펴보면 다음과 같다.

- **프로젝트 도입활동**: 프로젝트 수업에서 학생들의 기대와 호기심을 자극하는 활동은 기존 수업의 동기유발과는 다르다. 그저 학생의 주의를 끄는 정도가 아니라 학생들이 스스로 생각하게 만드는 것이 프로젝트 학습 도입활동의 주된 목적이다. 양질의 도입활동은 학생들이 프로젝트 속 어려운 문제 또는 과제와 관련된 자신들의 사전 지식과 접촉할 수 있도록 도와준다.

- **탐구 질문 확인하기**: 프로젝트의 탐구 질문을 꼭 언제 어떻게 확인해야만 한다는 법칙은 따로 없다. 프로젝트, 도입활동, 학생, 교사의 판단과 성향 등에 따라 얼마든지 그 내용과 방법이 달라질 수 있다. 탐구 질문에 대해 학생들은 함께 토론하는 시간을 가진다. 이때 학생들이 완벽하게 탐구 질문을 이해할 수 있어야 한다. 그 다음에는 학생들이 탐구 질문에 대한 잠정적인 답을 제안해보게 한다. 이러한 과정을 거쳐 교사와 학생 모두 탐구 질문이 의미있고 타당하다고 생각하는 것으로 탐구 질문을 정리한다.

- **탐구 질문 목록 작성하기**: 확정된 탐구 질문은 이해 중심 교육과정의 '포괄적 질문-단원적 질문'의 수준으로 작성할 수 있으며, 개념기반 교육

과정에서의 '사실적 질문-개념적 질문-논쟁적 질문'으로 사고의 깊이를 추구하는 방식으로 정리할 수도 있으며, SOLO 분류법의 '전구조-단일구조-복합구조-관계구조-확장된 추상화의 질문'을 활용하여 생각과 사고의 폭을 넓혀가는 방식도 있다. 중요한 것은 프로젝트 탐구의 흐름에 맞게 표면적이고 낮은 이해 수준에서 심층적이고 깊이 있는 이해와 사고를 요구하는 탐구 질문으로 확장되어야 한다는 점이다. 이러한 탐구 질문들은 탐구활동을 이행하는 방향이 될 수 있다. 탐구 질문은 교실 벽에 붙여놓고 프로젝트가 진행될 때마다, 또 학생들이 새로운 지식과 이해를 얻을 때마다 학생들과 함께 탐구 질문을 확인할 필요가 있다.

- **주요 결과물 결정하기**: 프로젝트 결과물을 언제 어떻게 결정할지는 상황에 따라 달라질 수 있다. 도입활동 중이나 탐구 질문을 논의하면서 교사가 학생들이 만들 결과물을 제시하거나 혹은 몇 가지 가능한 선택지를 제안할 수도 있다. 무엇을 만들지 논의하기 전에 먼저 주제에 관해 탐색하는 시간을 가져볼 수도 있다. 어떤 프로젝트의 경우, 학생들이 주제에 대해 어느 정도 조사한 후에 어떤 결과물을 만들지 직접 결정하기도 한다.

- **모둠 구성하기**: 모둠별 활동의 정도와 성격은 참여하는 학생들의 여건에 따라 달라진다. 어떤 프로젝트의 경우 개인 활동과 모둠별 활동이 모두 포함되기도 한다. 혹은 목적에 따라 모둠을 바꿔가며 이루어지는 프로젝트도 있다. 모둠을 어떻게 구성할지는 교사의 판단력이 필요한 부분이다.

둘째, 창의 및 실행에서는 무엇을 해야 하는가?

여기에서는 탐구활동의 실행과 비계 활용 및 학생들의 수행에 관한 점검 등이 중요하다. 이에 관해 간략히 정리하면 다음과 같다.

- **탐구활동 실행하기:** 탐구활동에서는 학생들의 탐구질문 목록을 적극 활용하는 것이 중요하다. 질문의 답을 찾는 과정에 어떻게 접근할 것인지는 교사와 학생이 함께 결정해야 한다. 어떤 질문은 프로젝트 모둠이나 전문가 모둠이 나누어 담당할 수 있다. 또 어떤 질문은 학생 스스로 조사를 통해서 답을 찾아야 할 것이고, 교사의 수업을 들어야 답을 할 수 있는 질문도 있을 것이다. 프로젝트가 끝나기 직전에 학생 탐구 질문 목록을 다시 한 번 짚어본다. 이를 통해 학생들이 성공적으로 탐구활동을 완수하고 탐구 질문에 답하기 위해 필요한 것들을 얻었다고 느낄 것이다.

- **비계 활용하기:** 프로젝트 수업에서 비계 혹은 학생의 학습 지원은 프로젝트 안에서 다양한 시기와 형태로 나타날 수 있다. 교사는 프로젝트의 공감 및 설계 단계에서부터 적절한 비계 자료를 준비해야 한다. 그리고 프로젝트를 진행하면서 학생들이 언제 도움을 필요로 하는지 그리고 도움을 받을 준비가 됐는지에 대한 판단을 내려야 한다. 가장 이상적인 시점은 바로 학생들이 도움이 필요하다는 사실을 깨닫고 요청해올 때이다. 교사는 프로젝트의 완성을 위해서 무엇이 필요한지를 강조해야 한다.

- **탐구수행 관리 및 점검하기:** 탐구수행 관리 및 점검은 사실 프로젝트의 모든 단계에서 필요한 일이다. 프로젝트 모둠이 편성되고 탐구가 진행되면 모둠원끼리 서로를 점검하고 또 교사가 모둠을 점검할 수 있는 과정을 거쳐야 한다. 프로젝트가 진행되는 동안 정기적인 점검 기회를 갖고 그간의 탐구활동을 돌아보는 시간을 갖는 것이 좋다. 교사의 관찰, 프로젝트 일지, 소감문, 중간 점검 및 발표 등을 다양하게 이용할 수 있다.

셋째, 성찰 및 공유

마지막으로 성찰 및 공유 단계에서는 적절한 피드백을 통해 수행 능력을 향상시키는 한편, 그간의 결과물을 발표하고 공유해야 한다. 이에 관해 간략히 정리하면 다음과 같다.

- **피드백을 통한 비평 및 개선하기:** 학생들은 단순히 교과 지식만을 배우는 것이 아니라 모든 과정에서 비판적 사고력, 문제해결력, 타인과 협력하는 법도 함께 배우게 된다. 이를 위해 교사는 학생들에게 적절한 피드백 방법을 통해 학생들이 자신의 수행능력을 향상시키고 결과물을 스스로 다듬고 개선할 수 있는 기회를 마련해준다. 이러한 점검 방법으로는 자료 요약, 배운 내용 요약, 성찰일지 작성, 저널(에세이) 쓰기, 보고서 작성, 협의회, 동료 비평 등이 있다. 특히 동료 비평은 프로젝트 결과물의 수준을 한층 끌어올리는 데 기여한다.

- **결과물 발표 및 공개하기**: 학생들이 최종적으로 결과물을 다듬고 점검한 후에 청중에게 공개하는 시기다. 프로젝트 학습의 성격에 따라 학생들은 다양한 방식으로 자신의 작품을 공개할 수 있다. 청중과 직접 대면하는 프레젠테이션, 작품을 물리적 공간에 배치하는 전시회, 사용 가능한 제품을 사용자에게 나누어주는 캠페인, 체험부스 운영, 문서 형태의 결과물을 독자들에게 배부하는 활동 그리고 학부모와 지역사회를 대상으로 다양한 형태의 행사를 개최할 수도 있다.

- **성장을 위한 역량 평가하기**: 수업을 통해 달성하려는 성취기준과 핵심역량을 평가하기 위해 수업의 공감 및 설계 단계에서부터 명확한 지침이나 채점표를 사전에 제작해서 제시해주어야 한다. 프로젝트 학습 수행의 종합적 평가를 위한 수행(평가)과제로서의 GRASPS와 Rubric을 활용한 저널(에세이) 쓰기, 동료평가, 교사관찰 등을 종합하여 학생의 성장과 발달을 위한 평가 정보를 수집할 수 있다. 또한 학생 프레젠테이션 등의 결과물 발표가 끝났을 때 자신의 역량이 어느 정도 성장하였는지 스스로도 평가해보게 한다.

- **프로젝트 학습 성찰 및 공유하기**: 지금까지의 모든 과정을 함께 돌아보고 무엇을 성취하였는지 생각해본다. 프로젝트 학습의 각 단계에 있었던 일들, 학생 질문 목록과 프로젝트의 탐구 질문을 최종 검토하는 시간, 학생들 스스로 자신의 수행 정도를 평가해보는 시간, 어떤 부분에 발전이 있었고 앞으로 더 발전이 필요한지, 부족한 부분은 무엇인지, 다음 프로젝트를 위한 교훈은 무엇인지 등을 공유한다.

프로젝트 수업의 의미

앞서 프로젝트 수업을 어떻게 설계하고 실천할지에 관해 간략히 설명하였다. 그렇다면 이러한 방식으로 이루어지는 프로젝트 수업이 미래교육의 관점에서 어떤 의미가 있는지를 중심으로 살펴보려 한다. 크게 다음과 같이 7가지 정도로 요약해볼 수 있을 것이다.

- **창의융합형 인재 육성**: 미래 사회는 분절된 지식이 아니라 융합이나 통합을 통한 개인의 역량이 중심이 되는 사회가 될 것이다. 따라서 공교육은 창의적 사고역량을 갖춘 창의융합형 인재를 키워내기 위한 교육과정 개발과 핵심역량을 강화시키는 방향으로 흘러가야 한다. 이와 함께 프로젝트 수업의 융합적 접근(transdisciplinary)은 미래사회 인재 육성을 위한 접근법으로 주목받고 있다.

- **자기주도적 학습 능력 신장**: 학생이 탐구질문을 선정하고, 이를 해결하기 위해 필요한 것을 찾아내고, 자신의 생각을 입증하거나 재생산해야 한다. 학생의 주도적인 사고와 경험이 중요하며, 이 과정에서 자연스럽게 스스로 학습하는 방법을 배우고 몸에 익히게 된다.

- **학습자 중심 수업 실현**: 학생의 자기주도적 탐구 수행과 학생들의 상호협력적인 활동을 중심으로 진행된다. 이러한 수업을 통해 학생들은 수업에 대한 흥미와 집중을 유지시킬 수 있으며, 배움이 삶과 동떨어진 것이 아니라 학습과 자신의 삶을 연결지어 의미를 찾게 함으로써 더욱 깊이 있는 학습이 가능해진다.

- 학생의 실제적 삶을 반영: 프로젝트 수업은 현실을 중요하게 생각하며, 이것을 학생의 삶 그리고 배움과 연결하고자 한다. 자신의 삶과 연결된 수업에 임할 때, 학생들은 자신이 하는 것에 대한 의미를 부여하고 한층 더 깊이 있게 탐구하게 된다.

- 초등학교 수업에 한층 적합: 초등학교는 교과를 통합하여 자유롭게 운영하기에 용이한 조건이다. 또한 초등학교는 같은 교실에서 담임 선생님과 학생들이 함께 생활하는 시간이 많기 때문에 프로젝트 수업을 생활지도나 학급경영과 연계하여 진행할 수도 있다.

- 교사와 학생이 함께 성장: 프로젝트 수업은 학생뿐만 아니라 교사에게도 새로운 도전이다. 프로젝트 수업에서 교사는 학생들에게 주도권을 넘기고 뒤에서 그저 지켜보기만 하면 되는 것이 아니라 치밀한 설계자로서의 역량을 발휘해야 한다. 그러다 보면 새로운 도전 속에서 자신만의 수업을 한다는 자부심과 함께 성취에 대한 희열을 느끼게 된다. 따라서 학생뿐만 아니라 교사도 함께 성장하는 수업이 만들어진다.

- 인간의 바람직한 삶의 모습 생각: 프로젝트 수업은 인류 공동체 또는 주변 생활의 다양한 문제와 가치들에 대한 주제를 대상으로 하여 인간의 바람직한 삶의 방향에 대해 성찰하고 이야기를 나눌 수 있는 수업이다. 이러한 수업을 함께 만들어가는 동안 학생과 교사는 인생의 가치와 삶의 의미를 생각하며 더 큰 자아를 경험할 수 있게 된다. 이러한 부분이야말로 학생뿐만 아니라 교사에게도 프로젝트 수업이 의미 있고 매력적인 이유이다.

프로젝트 학습 디자인 사례

다음에서 실제로 이루어진 프로젝트 실천 사례를 하나 소개할까 한다. '지속가능성'이라는 가치를 탐색하기 위한 방안으로 식물의 성장 과정과 식물의 지속가능성이 인간의 생활에 주는 의미에 관해 살펴볼 수 있도록 디자인한 수업이다. 수업에서 다룬 핵심역량과 평가 요소 등에 관해서는 아래의 내용을 참고한다.

추구가치	지속가능성	
프로젝트	식물의 한살이와 지속가능성	
일반화 지식	식물의 성장과 한살이를 알고, 식물의 지속가능성이 우리 생활에 주는 의미를 인식한다.	
핵심개념	생명의 연속성(생식, 진화)	
운영 목표	첫째, 다양한 식물의 성장과 한살이를 조사·관찰하며 과학적 탐구능력을 신장시킨다. 둘째, 식물의 지속가능성을 우리 생활과 연결짓고 기여하려는 태도를 가진다.	
	소주제 1. 식물의 성장	소주제 2. 식물의 한살이
운영 방향	씨가 싹트는데 필요한 조건 알아보기 (사실적 질문) 식물이 자라는데 필요한 조건 알아보기 (사실적 질문) 여러 가지 식물의 성장과정 관찰하기 (사실적 질문) 나와 식물의 성장에 대해 생각 나누기 (개념적 질문) 나와 식물의 공통점과 차이점 생각하기 (개념적 질문)	식물의 한살이에 대해 알아보기 (사실적 질문) 여러 가지 식물의 한살이에 대해 알아보기 (사실적 질문) 여러 가지 식물의 적응과 진화 조사하기 (사실적 질문) 한살이와 지속가능성의 관계 생각하기 (개념적 질문) 진화와 지속가능성의 관계 생각하기 (개념적 질문)
	식물의 지속가능성이 우리 생활에 주는 의미에 대해 생각 나누기 (논쟁적 질문) 미래 우리를 위해 내가 기여할 수 있는 부분 생각 나누기 (논쟁적 질문)	
결과물	식물 관찰 보고서, 사진전, 식물과 인류의 지속가능성에 대한 저널쓰기, 발표회 등	

		Goals (목표)	Role (역할)	Audience (청중)	Situation (상황)	Product (결과물)	Standard (준거)
수행과제평가	평가요소	식물의 지속 가능성이 우리 생활에 주는 의미에 대한 인식 확산시키기	식물이 지닌 지속가능성을 우리 생활에 적용하려는 인류학자	학회 참가자	식물이 지닌 지속가능성을 참고하여 우리 생활의 지속가능한 방향에 대한 시사점을 제시하고 그러한 인식을 확산시키려는 상황	보고서, 전시물, 그림, 신문, 제안서, 그래프, 저널 등	① 자신이 키우는 식물의 한살이를 나와 연결 ② 생식,진화,지속가능성 개념 포함 ③ 식물의 지속가능성이 우리 생활에 주는 의미 포함 ④ 미래 우리들을 위해 내가 공헌할 수 있는 부분 포함

		단계 평가	뛰어남	잘함	보통	노력 요함
수행과제평가	평가기준	주제에 대한 지식과 개념의 이해	식물의 한살이 과정에 대해 명확히 알고 있으며, 식물이 지닌 지속가능성을 우리 생활과 나의 역할로 연결지을 수 있음. 교사 / 학생	식물의 한살이 과정에 대해 명확히 알고 있으며, 식물이 지닌 지속가능성을 우리 생활과 연결지을 수 있음. 교사 / 학생	식물의 한살이 과정과 식물이 지닌 지속가능성에 대해 알고 있음. 교사 / 학생	식물의 한살이 과정과 식물이 지닌 지속 가능성에 대한 이해가 부족함. 교사 / 학생
		구체적 사실과 정보의 종합 및 설명	식물의 한살이에 대한 정리가 체계적이며, 식물이 지닌 지속가능성과 우리 생활, 나의 역할에 대해 논리적으로 설명할 수 있음. 교사 / 학생	식물의 한살이에 대한 정리가 체계적이며, 식물이 지닌 지속가능성과 우리 생활에 대해 논리적으로 설명할 수 있음. 교사 / 학생	식물의 한살이를 정리할 수 있으며, 식물이 지닌 지속가능성과 우리 생활에 대해 설명할 수 있음. 교사 / 학생	식물의 한살이에 대한 정리가 어려우며, 식물의 지속가능성과 우리 생활을 연결지어 설명하기 어려움. 교사 / 학생

		핵심역량 평가	기타 평가
그외평가	내용	• 창의적사고역량 : 식물의 지속가능성을 우리 생활로 연결지어 생각하는 능력 • 지식정보처리역량 : 자료조사, 관찰일지 작성, 정보 종합처리 능력 • 의사소통역량 : 관찰일지 발표, 식물의 지속가능성과 우리 생활에 대해 생각 나누는 능력	• (지식) 씨가 싹트는데 필요한 조건 설명하기 • (지식) 식물이 자라는데 필요한 조건 설명하기 • (탐구) 나와 식물의 공통점과 차이점 설명하기 • (지식) 여러 가지 식물의 한 살이 설명하기 • (탐구) 식물의 성장 변화를 관찰하며 특징 설명하기 • (탐구) 식물이 지닌 지속가능성에 대해 설명하기 • (지식) 식물의 적응과 진화모습 사례 조사하기 • (태도) 생식, 진화, 지속가능성의 관계 제시하기 • (태도) 식물의 지속가능성이 우리에게 주는 의미 발표하기
	방법	• 자기평가(학생) : SOLO 수기호, 자기성찰일지 등 • 상호평가(학생) : 바둑돌, 공깃돌 평가 등 • 관찰평가(교사) : 식물 관찰 일지, PTC, 체크리스트, 포트폴리오, 평가지 등	

제도를 초월해 누구나 자유롭게 평생 배움을 주고받는 시대로!

앞에서 우리는 과거부터 현재까지 교육철학이 어떻게 변화해왔고, 지속가능발전교육, 세계시민교육 등 세계가 지금 이 순간에 교육에서 주목하고 있는 것들에 관해서도 살펴보았다. 또한 창의력과 문제해결능력을 기르기 위한 인공지능교육과 휴먼웨어교육 등에 관해서도 알아보았다. 아울러 혼합과 융합이 중요한 시대에 어떤 방식으로 가르쳐야 할 것인지에 대해서도 살펴보았다. 이제 끝으로 제도권 교육에 갇히지 아니하고, 누구나 무엇이든 자유롭게 배움을 주고받는 시대인 미래 사회에서 필수적인 평생학습과 성인지 감수성을 높이는 포괄적 성교육에 관한 이야기로 이 책을 마무리하려고 한다.

제도권을 넘어
평생학습의 시대가 열린다

UN의 미래포럼 밀레니엄 프로젝트의 〈비전 2030 리얼타임 델파이 연구〉에 따르면 2030년 미래사회는 모든 것이 네트워크화 될 것이며, 노인 학생 비율이 절반을 넘는 평생학습(Lifelong Learning) 사회가 될 것으로 예측하였다. 교과서 정보가 아닌 어젯밤에 업데이트된 정보를 교육 포털에서 바로 다운받아 공부하는 시대가 올 것이며, 대부분의 과목은 컴퓨터 시뮬레이션을 통해 가상 실험을 하면서 배우는 시대가 올 것으로 예견했다. 이제는 모든 것이 규격화되고 표준화되어 있는 제도권 학교교육의 시대를 넘어, 언제, 어디서나, 누구나, 무엇이든 자유롭게 배움을 주고받는 평생교육 시대가 올 것으로 전망한 것이다. 머지않아 한층 유연하고 탄력적이며, 다양성과 창조성이 강조되는 평생학습 사회가 도래할 것이다.

평생학습 사회의 요건

평생학습 사회에서는 언제 어디서나 누구나 배움의 대상이며, 교육 콘텐츠 또한 무궁무진하다. 이에 관해 정리하면 다음과 같다.

- 언제 : 교육 시기는 아동, 청소년, 성인 초기, 중년기, 노년기 등 모든 생애주기의 학습자가 중시되며 존중받게 된다. 노년기 학습자를 중심

으로 하는 광범위한 학습자 스펙트럼이 형성될 것으로 전망된다.

- **어디서나**: 학교뿐만 아니라 사회 전역의 교육시설과 단체 및 기관이 모두 학습의 장이 될 것이다. 도서관, 박물관, 미술관 등 문화예술기관 및 단체, 사회복지시설, 군대, 병원, 교도소 등이 모두 학습의 장으로 열리게 될 것이다.

- **누구나**: 성, 연령, 학력, 거주 지역의 차이를 넘어 남녀노소 모두에게로 교육대상이 확대된다. 초고령층, 경력단절여성, 장애인, 다문화 가족 등을 중심으로 하는 학습 시대가 될 것이다.

- **누구에게나**: 학력과 스펙으로 교수자가 되던 시대를 넘어 경력과 경험, 역량과 마음을 갖추면 가르칠 수 있는 시대를 의미한다. 이미 유튜브를 통한 '디지털 크리에이터'의 모습이 그러한 사례 중 하나로 볼 수 있다.

- **무엇이든**: 교육 콘텐츠가 무한으로 확장되는 것으로 학습자의 성향과 요구에 따라 맞춤형 교육 콘텐츠가 달라지게 되는 '학습 카페테리아'의 시대가 올 것으로 전망된다.

- **어떠한 방법**: 미래 평생학습 시대에 학습은 시공을 초월하여 이루어지게 될 것이다. 전통적인 오프라인 강의를 넘어 온라인과 오프라인을 결합한 블렌디드 러닝으로 빠르게 전환되어갈 것이다.

- **배움을 주고받는**: 교육 소통의 '쌍방향적', '다층적' 확산을 의미하는 것으로 교수자와 학습자의 면대면 학습은 물론 다양한 스마트 기기를 활용한 스마트 러닝과 웹 기반 학습, SNS 학습 등을 통한 쌍방향적 학습이 확산될 것이다.

평생교육 중심으로의 대학체제 전환

2005년 우리나라의 65세 이상 고령 인구 비중은 9%였으나, 2015년 12.8%로 증가하였고, 2035년 28.7%, 2065년에는 42.5%까지 증가할 것으로 예상되고 있다. 여기에서 우리가 주목할 부분은 단순히 고령자의 비율이 증가하고 있는 것이 아니라 고령자의 **초고령화** 현상이다. 초고령자로 분류되는 80세 이상의 인구는 2010년 96만 명에서 2020년 190만 명, 2040년 480만 명, 2060년에는 750만 명이 넘을 것으로 전망되고 있다.

현재 우리나라의 각종 법령에서는 '65세'를 고령의 기준으로 삼고 있으나, 향후 고령 기준 연령은 상향될 것으로 보인다. 물론 개인마다 다소 차이는 있겠지만, 지금의 60대는 과거와 비교할 수 없을 정도로 정신적·육체적으로 건강하다. 미래의 고령자는 건강은 물론, 상당수가 대졸 이상의 고학력자들로 구성될 것이다. 다시 말해 이는 미래의 고령자들은 언제든지 경제활동 인구로 전환이 가능하다는 의미이다.

따라서 4차 산업혁명 시대의 지능화·자동화 기술이 인간의 일자리와 노동을 대체하는 것뿐만 아니라 고령층 인구의 생산성과 경쟁력을 향상시키는 '노동 보조형' 개발도 병행되어 나타날 것이다. 앞으로는 고령자들도 스마트 기계의 도움을 통해 정신적·신체적 능력을 유지 및 향상시키면서 나이와 상관없이 적극적인 경제활동을 영위할 수 있어야 한다.

향후 이 모든 것들을 실현하기 위한 평생교육과 직업훈련의 역할은 바로 존폐의 위기에 놓여 있는 대학이 담당해야 할 것이다. 따라서 기존 '입시전공' 중심의 교육체제를 '평생교육' 중심 교육체제로 전환해야 한다. 이를 위해서는 대학 유형별로 평생교육체제에 대응한 교육 방안을 마련하고, 대학 커리큘럼도 창의성, 다양성, 유연성 역량을 제고하는 방식으로 바꿔야 할 것이다.

미래의 대학들은 고령층 세대들의 대학 진입장벽을 낮추기 위해 입학 방식도 기존의 시험과 성적 위주의 전형 방식에서 벗어나 e-포트폴리오 등의 방식을 활용하여 고령층 및 성인 세대들의 직업적 경력과 사회 경험, 역량 등을 중심으로 평가, 선발하는 방식을 취하게 될 것이다. 수업 또한 온라인 재택 학습이나 주말 및 야간 시간대를 활용한 오프라인 수업과의 병행 등 블렌디드 러닝의 형태로 전환될 것이며, 고령층 세대들의 디지털 역량과 스마트 학습 역량을 강화하기 위한 다양한 코칭 코스들도 확대될 것이다.

나아가 공급자 중심에서 수요자 중심으로 교육 훈련 시스템 전환이 필요하다. 수요자 중심의 교육 훈련 시스템도 단순한 학업능력 향상이 아닌 생애 전 주기를 아우르는 직업 역량 제고가 그 핵심이 될 것이다. 제4차 산업혁명 시대에는 지식의 유효기간이 급속하게 단축될 수밖에 없다. 따라서 대학은 여러 교육 훈련 기관들과 연계한 평생 직업능력 개발체계를 구축하고 교육 훈련 서비스 시장을 수요자 중심으로 재편해야 할 것이다.

이렇듯 앞으로 평생교육 중심으로 대학체제가 전환되면 고령층의 폭넓은 경제활동 참여를 이끌어낼 수 있을 것이다. 나아가 학령인구의 감소로 존폐 위기에 처한 많은 대학에도 새로운 활로를 열어 줄 수 있을 것으로 기대된다.

평생교육 주체로서 현장 인력 활용

앞서 설명한 것처럼 평생교육 시대의 대학은 오히려 성인들의 대학으로 변모할 것이다. 즉 직장인과 은퇴자, 파트타임으로 일하는 어른과 고령층 학생들이 대학의 주류 집단으로 부상하게 될 것이다. 이러한 평생교육의 상황에서는 이론적으로 해박한 교수나 교사에 의한 교육이 아니라 배우고자 하는 지식이 직접 활용되는 현장에서 꼭 필요한 살아 있는 지식을 만들어내고 체득한 사람에 의해 교육이 이루어질 때 가장 효과적일 것이다. 따라서 제4차 산업혁명 시대의 평생학습은 지금의 교사나 교수가 아닌 일반인 중에서 특정 분야에 정통한 사람들에 의해 제공되는 것이 더욱 바람직하다. 왜냐하면 학생들에게 변화하는 사회와 일자리에 관한 지식과 기술을 자기주도적으로 학습할 수 있도록 도와주는 것이 교사나 교수의 가장 큰 역할이 될 것이기 때문이다. 또한 졸업 후 사회에서 스스로 또는 남들을 도와서 학습을 주도할 수 있도록 하는 교육 리더를 양성하는 역할도 중요하다.

한편 학교 밖에서는 아직 교사로서의 경험이 없는 지역사회, 사회단체, 기업체, 국가 등과 함께 힘을 모아 변화되는 사회에 기민하고 융통성 있게 적응할 수 있도록 필요한 경험을 축적할 수 있는 교육 시스템을 만드는 데 기여해야 한다. 그러한 경험과 시스템을 통해 필요한 지식을 습득한 사람은 누구든지 다시 다른 사람에게 필요한 지식을 전수하는 평생학습 인력으로서 저마다 역할을 수행할 수 있어야 한다.

미래학자 앨빈 토플러(Alvin Toffler, 1928~2016)는 제4차 산업혁명 시대 교육의 미래를 전망하며 "상자 밖에서 생각하라!"는 말을 남겼다. 20세기가 '틀을 만드는' 제도권 교육의 시대였다면 21세기는 '틀을 깨는' 창조적 교육의 시대임을 의미한다. 미래사회에서 교육은 사회 구성원들이 갖고 있는 능력과 잠재력을 최대한 성장시키며 모두의 창의적 역량이 극대화될 수 있도록 돕기 위한 교육으로 전환될 것이다. 또한 소수를 위한 교육, 젊은 층을 위한 교육, 부유층을 위한 교육이 아닌 **모두를 위한 교육**을 지향해야 한다.

그리고 인생의 유년기나 청소년기, 청년기 등의 특정 시기에 국한된 교육이 아닌 전 생애에 걸친 확장적 학습의 모습으로 교육이 전개될 것이다. 모두가 함께하는, 전 생애에 걸친 평생학습체제를 기반으로 서로를 가르치고, 서로 배움을 주고받을 수 있는, 그럼으로써 인류 전체가 함께 건강하고 행복하게 살아가는 모습으로 나아가야 할 것이다.

생물학적 특징을 넘어
포괄적 성교육으로

UN은 2009년 처음으로 성교육에 관한 국제지침서인 '포괄적 성교육(CSE: Comprehensive Sexuality Education)'을 발표하였다. 이후 UNESCO는 시대적 요구를 반영하고 내용을 검토하며 지속적으로 업데이트해왔다. 그러다가 2018년 개정판을 통해 지속가능발전목표에 관한 의지도 반영하여 발행하였다.

포괄적 성교육(CSE)이란, 성별 신체 구조의 차이와 같은 생물학적 특징뿐만 아니라, 인간의 생애에서 성과 관련된 모든 경험을 포괄하는 교육이다. 즉 포괄적 성교육(CSE)은 아동과 청소년들이 자신의 건강을 챙기고, 자신의 존엄성을 인식하며, 자신의 권리에 대한 이해를 높여 존중에 기반한 사회적·성적 관계를 형성할 수 있게 하는 교육이다.

포괄적 성교육의 특징

포괄적 성교육은 단순히 남녀 차원의 문제의 문제를 넘어 자신은 물론 타인에 대한 존중을 바탕으로 한층 더 건강하고 성숙한 성적·사회적 관계를 만들어가는 데 초점을 맞추어 이루어지게 된다. 이를 실현하기 위해 포괄적 성교육은 어떻게 이루어져야 하는지 특징들을 살펴보면 다음과 같다.

- 과학적 정확성(Scientifically accurate): '성 및 건강증진(SRH : Sexual and Reproductive Health)' 연구에 기초한다.

- 점진적 증진(Incremental): 5세부터 시작하는 지속적인 교육과정이며, 나선형 교육과정의 접근법을 기반으로 한다.

- 연령 및 발달에 적합 (Age- and developmentally-appropriate): 학습자의 나이와 발달에 기초하여 건강과 웰빙에 가장 시기적절할 때 발달 관련 주제를 다룬다. 또한 SRH의 이론적 개념에 맞춰 접근한다.

- 교육과정 기반 (Curriculum based): 교육과정에는 핵심 교육목표, 학습목표의 개발, 개념의 제시, 명확한 핵심 메시지 전달 등이 구조화되어 있다.

- 포괄적 (Comprehensive): 성별에 대한 포괄적이고 정확하며 연령에 적합한 정보를 제공한다. 성적, 생식 해부학 및 생리학, 사춘기와 생리학, 생식, 피임, 임신과 출산, 그리고 성병과 에이즈를 포함한 모든 학습자가 알아야 할 중요한 주제를 포함하지만, 이에 국한하지 않고 필요한 주제라면 모두 다룬다. 이로 인해 몇몇 사회 문화적 맥락에서 반감을 불러일으킨다. '포괄적'은 교육 전반에 걸쳐 지속적으로 전달되는 주제와 내용의 폭과 깊이를 가리킨다.

- 인권 접근법에 근거 (Based on a human rights approach): 아동과 청소년의 권리 등 보편적 인권과 모든 개인의 건강, 교육, 정보 평등 및 차별에 대한 이해를 증진시키고 있다. 다른 사람들의 권리를 인정하고, 존중하도록 격려하는 한편, 권리가 침해된 사람들을 옹호하도록 하는 것을 포함한다.

포괄적 성교육의 핵심 개념

포괄적 성교육은 어떤 개념을 바탕으로 이루어질까? UNESCO 는 포괄적 성교육을 8개 핵심 개념(Key Concepts)으로 구분하고 있다. 그 8가지는 ① 관계(Relationships) / ② 가치(Values), 권리 (Rights), 문화(Culture), 섹슈얼리티(Sexuality) / ③ 젠더(Gender) 이해 / ④ 폭력과 안전(Violence and Safety) / ⑤ 건강과 복지를 위한 기술(Technology for Health and Wellbeing) / ⑥ 인간의 신체(body)와 발달(Development) / ⑦ 섹슈얼리티(Sexuality)와 성적 행동(Sexual Behaviour) / ⑧ 성과 재생산 건강(Sexual and Reproductive Health)이 다. 이 개념들은 모두 상호 보완적이며 나이에 따른 난이도 조절을 통해 학습을 돕는다.

　핵심 개념은 다시 2개에서 5개 항목으로 세분화되며, 각 항목마다 주요 아이디어와 지식, 태도, 그리고 연령대별 학습목표를 제시하고 있다. 연령대의 구분은 5~8세, 9~12세, 12~15세, 15~18세의 4개 연령대로 구분하여 점진적으로 교육을 진행한다.

포괄적 성교육의 반대 입장

포괄적 성교육을 도입하는 데 반대하는 측은 UNESCO의 포괄적 성교육(CSE)이 생물학적 성을 의미하는 성(Sex)가 아닌 젠더(Gender)를 기반으로 하는 성 관념을 지니고 있기 때문에 남녀의 양성을 넘어서는 개념을 내포하고 있다는 점을 지적한다. 젠더란 사회적 성

젠더 퀴어의 종류

※ 자료: http://queerdigger.blog.me/ 참조

구분	설명
안드로진	남성과 여성이 혼합된 성별. 중성이라고 간주
뉴트로이스	남성도 여성도 아니라고 느끼며, 제3의 성정체성을 가짐. 안드로진과 같이 중성의 개념이지만, 남성과 여성이 포함되지 않은 점에서 차이가 있음
에이젠더	어떠한 성별에도 속해 있지 않음. 젠더가 없음
젠더리스	젠더가 없음.(단, 에이젠더는 젠더가 없는 '젠더'인 한편 젠더리스는 젠더 자체가 아예 없음. 본인이 젠더를 보는 문화적, 사회적 시각이 반영된 차이라고 할 수 있음)
바이젠더	서로 다른 두 젠더의 성 정체성을 모두 가짐(주로 남성과 여성). 상황이나 심리 상태에 따라 한 젠더에서 다른 젠더로의 '완전한' 전환이 이루어짐
트라이젠더	서로 다른 세 가지 젠더를 가짐(주로 남성과 여성 그리고 제3의 성별). 상황이나 심리 상티에 따라 한 젠더에서 다른 젠더로의 '완전한' 전환이 이루어짐
팬젠더	모든 젠더의 성 정체성을 가짐(남성, 여성, 안드로진, 에어젠더 등)
젠더 플루이드	성 정체성이 고정적이지 않고 상황이나 심리 상태에 따라 물(fluid)처럼 유동적으로 변함

(Gender)으로 불릴 수 있으며, 단어가 쓰이는 맥락에 따라 생물학적 성별(남성, 여성 또는 간성 등의 상태), 성별 기반 사회구성체(성 역할 등), 성 정체성 등이 포함되기 때문에 우려하고 있는 것이다.

최근 국내에 소개된 북유럽 작가들의 성교육 도서인 《아기는 어떻게 태어날까》, 《자꾸 마음이 끌린다면》 등이 아동의 조기 성애화와 동성애 조장 등을 불러일으킬 수 있다는 이유로 회수된 사건이 있다. 이 또한 포괄적 성교육을 반대하는 입장에서의 일방적 주장과 인식이 반영된 결과다.

한국의 성교육 실태

1990년대까지만 해도 우리나라는 보수적 성교육이 건재했다. 즉 아동·청소년을 성폭력뿐만 아니라 성행위 전반과 무조건 멀리 떼어놓아야 한다는 믿음이 지배한 것이다. 그러다 보니 주로 순결교육이나 여성 생리주기 등에 치중하여 성교육이 이뤄졌다. 구체적인 내용을 더 다루게 된 계기는 다름 아닌 성폭력 사건 때문이었다. 1997년 청소년 4명이 성폭행을 주도하고 이를 영상으로 촬영해서 배포한 '빨간 마후라' 사건이 벌어졌다. 교내에서 음란 비디오 매매가 빈번해지고, 중학생 교내 출산 사건이 일어난 시기였다. 성교육이 현실을 따라가지 못한다는 지적에 따라 교육 당국은 월경, 혼전임신, 자위행위 등을 다룬 성교육 교과서를 만들어 배포하기 시작하였다. 우리나라 성교육의 변천사를 간략하게 정리하면 다음과 같다.

- 1950년대: 1950년 후반 성교육에 대한 논의 시작

  '정결교육'으로 미풍양속 계승

- 1960년대: 급격한 인구 증가로 성교육 강화

  '정결교육'에서 '순결교육'으로 전환

- 1970년대: 경제수준 향상으로 성숙 시기의 변화

  '순결교육'에서 '성교육'으로 전환

- 1980년대: 인간 존중에 입각한 인간교육

  성 지식, 성 의식, 성 윤리관 확립 교육

- 1990년대: 성범죄, 성폭력 등 성문제 확산

  성범죄 예방교육에 중점

  성교육을 위한 자료 개발과 보급의 시작

- 2000년대: 체계적 성교육 강조

  학교 성교육 기본계획 발표

  관련교과 및 재량활동을 통한 성교육 시간 확보(학년별 연간 10시간)

- 2010년대: 성교육 시간의 확대(학년별 연간 15시간)

  인간발달, 심리, 관계, 건강, 사회문화 등 인간 삶의 전반

  학교 성교육 표준안 발표

2006년에는 모든 학교에 연간 10시간 이상 성교육이 의무화됐다. 2015년에는 교육부가 '학교 성교육 표준안'을 발표하였으나 시대착

오적이고 고정관념을 강화하는 서술이 들어갔다는 이유로 비판을 받고 현재는 홈페이지에서 삭제되었다. 예컨대 치마를 입은 여성의 그림 옆에 '안전하고 편안한 옷차림'이라고 쓰여 있거나, '남성은 성에 대한 욕망이 때와 장소와 관계없이 충동적으로 나타난다'고 적은 부분 등이 비판을 받았다.

보건교과서도 현실을 전혀 반영하지 못하고 있기는 마찬가지라는 지적이다. 그나마 중·고등학교 보건 교과서는 '2015개정교육과정'에 맞춰져 있지만, 초등학교 보건교과서의 경우 2009년 이후 제대로 수정이 이루어지지도 않았다.

현실과 맞지 않는 성교육과 함께 우리 사회에서는 성 관련 사건사고가 끊이지 않고 있다. 최근 2~3년간 사회적 이슈가 되었던 사례만 살펴보더라도, 수년 전부터 현재까지 끊임없이 이어지고 있는 사회지도층 인사들의 성추행 의혹을 포함해 '버닝썬 성범죄 사건', 'n번방 디지털 성범죄 사건', '뉴질랜드 대사관 성추행 사건', '성전환 군인 논란' 등 우리 사회의 고위층, 연예인, 대학생, 군인 등 계층과 연령을 막론하고 사회 전반에 걸쳐 성 관련 사건사고와 논란이 끊임없이 발생하고 있는 것을 알 수 있다.

포괄적 성교육, 어떤 성과를 기대할 수 있나?

성교육의 개선이 시급한 우리의 현실에서 포괄적 성교육의 교육적 성과를 짚어보는 것은 의미가 있을 것이다. UNESCO는 포괄적 성교

국가 수준의 성교육 표준안 학교급별 계열성

성취목표	인간 생명의 존엄성을 바탕으로 한 성 건강			추구하는 지향점
	인지적 목표	기능적 목표	정의적 목표	
유치원	성에 대한 과학적 지식	성 건강에 필요한 요소와 기능을 습득	성에 대한 긍정적인 인식	성 건강 증진 생활을 실천할 수 있는 능력과 태도 육성
초등학교	성에 대한 과학적 지식	성 건강에 필요한 요소와 기능을 습득	성에 대한 올바른 가치관을 확립	성 건강의 실현으로 행복한 삶을 영위할 수 있는 능력과 태도 육성
중학교	성에 대한 과학적 지식	성 건강에 필요한 신체적, 심리적 특성과 사회적 역할 및 기능의 습득	생명 존중과 성 정체성 등 성에 대한 올바른 가치관 확립	성에 대한 긍정적 인식으로 행복한 삶을 영위할 수 있는 능력과 태도 육성
고등학교	성에 대한 과학적 지식	성 건강에 필요한 신체적, 심리적 특성과 사회적 역할 및 기능의 습득	생명 존중과 성 정체성 등 성에 대한 올바른 가치관 확립	책임 있는 성행동으로 행복한 삶을 영위할 수 있는 능력과 태도 육성

육(CSE)의 성과연구를 통해 주요 성과를 다음과 같이 보고하였다.

- 아동·청소년의 성 행위 시작 시기의 지연
- 아동·청소년의 성 파트너 수의 감소
- 아동·청소년의 위험한 성 행위 감소
- 아동·청소년의 콘돔 사용 증가
- 아동·청소년의 피임 증가

더불어 포괄적 성교육을 통해 성의 다양성, 임신, 에이즈(HIV), 성매개감염병(STIs) 관련 행동 및 위험성에 대한 지식 증진을 포함하여 아동과 청소년들이 안전하고 행복한 삶을 준비할 수 있도록 하는 데 긍정적인 영향을 가져왔다고 보고하였다. 그뿐만 아니라 포괄적 성교육은 차별과 배제에 대한 문제에 대해 서로 공감하고 포용하는 태도를 갖게 해준다는 점도 강조하였다.

앞서도 설명한 바 있지만, UNESCO는 지속가능발전목표(SDGs) 중 '모두를 위한 건강과 웰빙 증진(SDG3)', '평등한 양질의 교육 보장(SDG4)', '성평등 달성 및 모든 여성과 여자 어린이의 역량 강화(SDG5)' 등의 실현을 위해 '포괄적 성교육(CSE)'은 반드시 필요하다는 입장을 취하고 있다. 우리는 성평등이야말로 인간의 기본적 권리일 뿐만 아니라 지속가능하고 평화로운 사회로 나아가기 위한 기본 조건임을 잊지 말아야 할 것이다.

이상으로 Part 3에서 학교교육이 미래 교육의 주체가 되기 위해서 어떠한 방향에 초점을 맞추어 집중해야 할 것인가에 대해 이야기하였다. 먼저 각 시대에 따라 교육이 어떤 가치에 집중하였는지를 중심으로 교육의 역사적 변천 과정을 굵직한 흐름 중심으로 살펴봄으로써 앞으로 다가올 미래에 우리의 교육이 어떤 모습으로 흘러갈 것인지를 전망해보았다.

그리고 주요 국제기구들이 최근 주목하고 있는 교육의 관점과 방향에 대해서도 함께 살펴보면서 공통된 인식과 지향점이 무엇인지를 다시금 확인해보았다. 이러한 내용들을 통해 앞으로 우리의 학교에서 교육과정이 이를 어떻게 담아내야 할지 충분히 고민해볼 수 있었을 것이다.

하지만 무엇보다 중요한 것은 역시 실천의 문제이다. 이에 실천적 교육의 접근 방식으로 지속가능발전교육, 세계시민교육, 인공지능교육, 휴먼웨어교육, 블렌디드 러닝, 프로젝트 학습, 평생학습, 포괄적 성교육에 이르기까지 앞으로의 학교교육이 집중해야 할 실제적이고 필수적인 교육의 모습들도 함께 살펴보았다.

우리는 모두 코로나19 팬데믹이 불러온 격변의 시대 한가운데 놓여 있다. 우리 각자의 머릿속에는 이미 학교가 생존하기 위해 학교 안팎의 환경과 질문들을 토대로 미래학교가 주목해야 할 집중의 방향을 그린 청사진이 존재할 거라고 짐작한다. 그렇다면 이제 우리 모두에게 남은 과제는 **실천**이다. 적극적인 실천을 통해 어떻게든 청사진에 가깝게 구현하느냐, 아니면 그저 청사진으로만 남기느냐는 결국 우리 모두의 손에 달려 있다.

참고자료

PART 01

〈단행본〉

국제미래학회 · 한국교육학술정보원, 〈제4차 산업혁명 시대 대한민국 미래교육보고서〉,
　　광문각, 2017.

박영숙 · 제롬 글렌, 《세계미래보고서 2055》 (이영래 옮김). 비즈니스북스, 2017.

박영숙 · 제롬 글렌, 《세계미래보고서 2019》 (이희령 옮김), 비즈니스북스, 2018.

유현준, 《도시는 무엇으로 사는가》, 을유문화사, 2018.

채사장, 《지적 대화를 위한 넓고 얕은 지식 : 역사, 경제, 정치, 사회, 윤리 편》. 한빛비즈, 2017.

최재천 · 장하준 · 최재붕 · 홍기빈 · 김누리 · 김경일 · 정관용, 《코로나 사피엔스》, ㈜
　　인플루엔셜, 2020.

대니얼 앨트먼, 《10년후 미래》 (고영태 옮김), 청림출판, 2011.

제이슨 솅커, 《코로나 이후의 세계》 ((박성현 옮김), 미디어숲, 2020.

KOTRA, 《2015 KOTRA 세계경제전망》, ㈜행성비, 2014.

LG경제연구원, 《2020 새로운 미래가 온다》, 한스미디어, 2011.

켄 로빈슨, 《아이의 미래를 바꾸는 학교혁명》 (정미나 옮김), 21세기북스, 2015.

클라우스 슈밥, 《클라우스 슈밥의 제4차 산업혁명》 (송경진 옮김), 새로운현재, 2016.

〈기사 및 보도자료〉

김소라, 〈미래를 잃은 듯한 상실감과 슬픔... '기후우울증'입니다〉, 《오마이뉴스》,
　　2020.8.26

김승환, 〈"2차 세계대전 이후 최악"…미국 실업률 14.7%로 폭등〉, 《매일경제》,

2020.5.8.

김연희, 〈코로나19 돌연변이의 모든 것〉, 《시사IN》, 2020.5.15.

김유빈, 〈사스부터 코로나19까지…감염병과 정보〉, 《NEWSIS》, 2020.5.22.

김자현, 〈자산시장 거품 키우는 '헬리콥터 머니'… 韓-中-日집값 요동〉, 《동아일보》, 2020.7.6.

김태훈, 〈장마·폭염이 아니라 '기후위기'입니다〉, 《경향신문》, 2020.8.22.

나건웅, 〈다점포율로 분석한 '포스트 코로나'자영업 트렌드-배달 강화한 유가네·크린토 피아 '방긋'코로나 직격탄 대형식당·모텔은 '울상'〉, 《매경이코노미》, 2020.8.19.

노승욱, 〈롯데그룹 경영 지침서로 본 포스트 코로나…'脫세계화"비대면"큰 정부'시대 온 다〉, 매경이코노미, 2020.5.18.

박상영, 〈'외롭게 늙어가는'한국…국민 절반이 수도권에〉, 《경향신문》, 2020.8.28.

반진욱, 〈코로나19에 미래형 매장 봇물 '언택트'기반으로 '콘택트'붙였더니 '훨훨'〉, 《매경 이코노미》, 2020.8.21.

서유진, 〈韓물폭탄·북극 38도…병보다 무섭다, 인류 옥죄는 '기후재앙'〉, 《중앙일보》, 2020.8.8.

송화선, 〈속속들이 감시받는 '판옵틱사회'현실화할 수 있다〉, 《신동아》, 2020.6.28.

오원석, 〈출산율 0.84에 놀란 정부 "육아휴직 확대, 가사시장 공식화"〉, 《중앙일보》, 2020.8.27.

이상건, 〈자산시장의 양대 화두 '초저금리'와 '성장'〉, 《이코노미스트》, 2020.8.17.

이준희, 〈인공지능(AI) 솔루션, 포스트 코로나 시대 산업별 대세로 부상〉, 《전자신문》, 2020.8.14.

이하늬, 〈방역과 사생활, 같이 갈 수 있다〉, 《경향신문》, 2020.5.9.

전영수, 로마 멸망 결정타는 저출산… 한국 흥망도 '청년'에 달렸다.《한국일보》,
   2020.4.25.

최성해, 〈코스피 나흘만에 1700선 와르르… 코로나19 재확산에 불안감 '고개'〉, 《글로
   벌이코노믹》, 2020.4.1.

최연구, 〈영화에서만 보았던 미래가 현실로 다가온다!〉, 교육부, 2020.2.26.

최연구, 〈말로만 듣던 4차 산업혁명의 핵심기술은 무엇?〉, 교육부, 2020.2.17.

하우스노미스트, 〈마이카 출근과 홈시어터 공간, 새로 떠오른 주택 키워드〉, 《주간동
   아》, 2020.8.26.

한경닷컴 뉴스룸, 〈구직단념자 58만명 역대 최악…2030 '일자리가 없다'〉, 《한국일보》,
   2020.8.16.

〈사이트〉

세계인구(2020.9.5.). https://www.worldometers.info/world-population/

PART 02

〈단행본〉

교육정책디자인연구소 시민모임, 《학교, 민주시민교육을 실천하다!》, 맘에드림, 2020

김난도·전미영·최지혜·이향은·이준영·김서영·이수진·서유현·권정윤, 《트랜드 코리아
   2020》, 미래의 창, 2019.

린 에릭손 · 로이스 랜닝 · 레이첼 프렌치, 《생각하는 교실을 위한 개념기반 교육과정

및 수업》(온정덕·윤지영 옮김). 학지사, 2019.

박영숙·제롬 글렌, 《세계미래보고서 2055》(이영래 옮김), 비즈니스북스, 2017.

박영숙·제롬 글렌, 《세계미래보고서 2019》(이희령 옮김), 비즈니스북스, 2018.

온정덕·변영임·안나·유수정, 《교실 속으로 간 이해중심 교육과정》, 살림터, 2018.

우석훈, 《나와 너의 사회과학》, 김영사, 2011.

유시민, 《국가란 무엇인가》, 돌베개, 2017.

이혜정·이범·김진우·박하식·송재범·하화주·홍영일, 《IB를 말하다》, 창비교육, 2019.

인천광역시교육청, 2019, 〈초등학교 과정 중심 평가의 이해와 실제〉, 인천광역시교육청.

채사장, 《시민의 교양》, 웨일북스, 2016.

채사장, 《지적 대화를 위한 넓고 얕은 지식 : 역사, 경제, 정치, 사회, 윤리 편》, 한빛비즈, 2017.

제이슨 솅커, 《코로나 이후의 세계》, 미디어숲, 2020.

존 라머 외, 《프로젝트 수업 어떻게 할 것인가?》(장밝은 외 옮김), 지식프레임, 2015.

켄 로빈슨, 《아이의 미래를 바꾸는 학교혁명》(정미나 옮김), 21세기북스, 2015.

〈기사 및 보도자료〉

강민혜, 〈"부모를 원망해. 돈도 실력이야"정류라 SNS 발언 '논란'〉, 《CBS노컷뉴스》, 2016.10.19.

김예량, 〈호감 vs 비호감 | 화사 '노브라' 공항패션, '관종'인가 '니플 프리' 선구자인가〉, 《한국경제》, 2019.7.11.

김유신·박윤균·김금이, 〈2030세대 "아무리 뛰어도 우리앞엔 기울어진 운동장"〉,

《매일경제》, 2020.7.5.

김정은, 〈"시골엔 그깟 수능 한두 개 더 틀린 의사라도 절실"…지방 병원장의 호소〉, 《매일경제》, 2020.8.27.

김지영, 〈"버닝썬, 강간을 파는 공간… 여성 안전 230만원보다 저렴한 것"〉, 《서울경제》, 2019.3.3.

나기(2016). 〈[SPECIAL : 여/성혐오] 미러링의 역사〉. 《미러퀴어페미니스트매거진 [ ]》, vol(2).

송윤경, 〈노무현의 학교 운동회 '명연설'…"인생은 항상 겨루기지만"〉, 《경향신문》, 2020.5.23.

신인균, 〈베테랑 조종사를 5대 0으로 누른 AI 무인기, 공중전 강자로 부상〉, 《주간동아》, 2020.8.26.

안채원, 〈연예인·마약·탈세·유착…총체적 '클럽 게이트' 열린다〉, 《NEWSIS》, 2019.3.11.

양지호·배준용·허상우, 〈2030 전공의들 "불공정 못참아… 의사면허 취소돼도 상관없다"〉, 《조선일보》, 2020.8.27.

이영욱, 〈코로나19, 나이팅게일이었다면 어떻게 대처했을까?〉, 《매일경제》, 2020.5.17.

임지영, 〈'n번방 시대'의 성교육, "남녀의 문제가 아니라 사회 문제다"〉, 《시사IN》, 2020.4.24.

주소현, 〈교육·취업·병역, '3대 역린'건드린 文정부 '공정성 논란'에 분노하는 2030〉, 《헤럴드경제》, 2020.9.8.

특별취재팀, 〈웹하드·단톡방 단속하자 텔레그램 'n번방'이 들끓었다〉.《한겨레》, 2019.11.27.(수정 2020.3.31.)

특별취재팀, 〈성착취방 지배하는 '박사'…"현실의 찌질함 잊는 상상속 권력"〉, 《한겨레》, 2019.11.26.(수정 2020.3.31.)

〈논문〉
권희경, 2018, 〈성인지감수성 높은 교육을 위한 교사의 성 인지 역량 강화 방안〉, 《한국가정과교육학회 학술대회》, 4(112), 94쪽.

〈사이트〉
나무위키(2020.7.18.). 한남충.
나무위키(2020.9.7.). 남성 우월주의.
네이버지식백과(2018.12.26.). 성인지 감수성.
위키백과(2020.8.3.). 버닝썬 사건.
위키백과(2020.8.20.). n번방 사건.
통계청, 2020. 대학 개황 입학자수.
트웬티(2020.9.10.) 한남충·김치녀(https://blog.naver.com/20blog/220574804671)
UN(2020.9.10.). http://www.un.org/en/globalissues/women/

PART 03

〈단행본〉
강승규, 《학생의 삶을 존중하는 교사》, 동문사, 2008.

교육부, 2015, 〈초등학교 교육과정〉.

교육정책디자인연구소 시민모임, 《학교, 민주시민교육을 실천하다!》, 맘에드림, 2020.

기애경 · 조은아 · 송영범 · 김성일 · 옥진우 · 한난희, 《프로젝트 수업으로 교육과정을
    다시 디자인하다》, 맘에드림, 2019.

김난도·전미영·최지혜·이향은·이준영·김서영·이수진·서유현·권정윤, 《트랜드 코리아
    2020》, 미래의 창, 2019.

김다영 · 박현주 · 유성상 · 임재민 · 정다정, 2020, 〈유네스코학교 길라잡이 밑동부터
    차근차근〉, 유네스코한국위원회.

김려수 · 차인석 · 한전숙, 《철학개론》, 양서원, 1987.

김선, 《Re-스타트, 다시 시작하는 교육》, 혜화동, 2020.

김정환, 1988, 《교육철학》, 박영사.

목영해, 《현대주의 교육학》, 교육과학사, 1994.

박동열·이무근·마상진, 2016, 〈광복 70년 직업교육 정책 변동과 전망〉, 한국직업능력개발원.

박수연, 양혜경, 장은정, 2015, 〈Goal 4. 모두를 위한 포용적이고 공평한 양질의 교육보
    장 및 평생학습 기회 증진〉, 한국국제협력단.

박영숙 · 제롬 글렌, 《세계미래보고서 2019》 (이희령 옮김), 비즈니스북스, 2018.

박의수 · 강승규 · 정영수 · 강선보, 《교육의 역사와 철학》, 동문사, 2011.

온정덕 · 변영임 · 안나 · 유수정, 《교실 속으로 간 이해중심 교육과정》, 살림터, 2018.

유네스코, 2020, 〈지속가능발전 및 세계시민교육의 학습 영역 연구-국가별 교육 과정
    분석을 중심으로〉, 유네스코한국위원회.

유네스코 아시아태평양 국제이해교육원, 《세계시민교육, 선생님을 만나다》, 웅진홀딩
    스, 2015.

유네스코한국위원회, 2017, 〈지속가능발전을 위한 세계시민(교사용 지침서)〉, 유네스코
와 유네스코한국위원회.

유네스코한국위원회, 2018, 〈한국교육과 SDG4-교육2030〉

유네스코한국위원회, 2018, 〈지속가능발전목표〉

유네스코한국위원회, 2018, 〈한국사회와 지속가능발전목표 4: 지속가능한 사회를 꿈꾸
는 교육〉

이상원 · 김윤태 · 손연아 · 연광흠 · 이성희 · 이수종 · 조영철, 2019, 〈2019년 지속가능
발전목표(SDGs) 연계 선도 프로그램 개발〉, 한국창의과학재단.

전다은(2018). 시민 메이커교육 가이드북. 메이커교육실천.

최동희 · 김영철 · 신일철, 《철학》, 일신사, 1985.

한국교육개발원, 2017, 〈2017 한국 성교육 표준안 운용의 실제 직무연수〉.

린 에릭슨 · 로이스 래닝 · 레이첼 프렌치, 《생각하는 교실을 위한 개념기반 교육과정
및 수업》 (온정덕 등 옮김). 학지사, 2019.

마이클 혼 · 헤더 스테이커, 《블렌디드》 (장혁 · 백영경 옮김), 에듀니티, 2019.

제러드 스테인 · 찰스 그레이엄(2016). 블렌디드 러닝 이론과 실제. 한국문화사.

Albert Reble, *Geschichte der Pädagogik*(Stuttgart: Ernst Klett Verlag, 1975), p.56.

Allan C. Ornstein, *An Introduction to the Foundations of Education*(Chicago: Rand
McNally College Publishing Co., 1977), pp.198.

Allan C. Ornstein, *An Introduction to the Foundation of Education*(Chicago: Rand
McNally College Publishing Co., 1977), p.210.

Clive Beck, "Postmodernism Ethics, and Moral Education", in: Critical
Conversations in *Philosophy of Education*, ed. Wendy Kohli(N.Y.: Routledge,

1995), pp.127-132.

Edward J. Power, 1982, *Philosophy of Education*(N.J.: Prentice-Hall), p151.

Fritz Blättner, *Geschichte der Pädagogik*(Heidelberg: Quelle & Meyer, 1973), p.83.

General L. Gutek, *Philosophical and Ideological Perspectives on Education*(Englewood Cliffs: Prentice Hall, 1988), p.13.

George F. Kneller, *Introduction to the Philosophy of Education*(N.Y.: John Wiley & Sons, Inc., 1971), p.56-57.

Henry A. Giroux, "Introduction", in: *Postmodernism, Feminism, and Cultural Politics*, ed. Henry A. Giroux(N.Y.: State University of New York Press, 1991), p. 19.

J. A. Akinpelu, *Philosophy of Education*(London: Macmillan Publishers, 1985), p.170 George R. Knight, op. cit., p.136.

OECD, 2018, *The Future of Education and Skills -Education 2030*.

Pam Hook(2016). *First Steps with SOLO Taxonomy Applying the model in your classroom*. Essential Resources Educational Publishers Limited.

Song Young Beom & Song Young Whee. *The difference of political consciousness based on teachers'backgrounds*, Interkulturerelle Erziehung und Lehrekompetenzen, 2011), p.165.

Stanley Aronowitz & Henry A. Giroux, *Postmodern Education*(Minneapolis: Unive. of Minnesota Press, 1993), p.60.

UNESCO, 2018. *International technical guidance on sexuality education*.

Van Cleve Morris, *Existentialism in Education*(N.Y.: Harper & Row, Publishers, 1966), p.135.

〈기사 및 보도자료〉

고재원, 〈세계위험보고서 1~5위 환경문제..다보스포럼서 환경 문제 집중 논의〉, 《동아
　　사이언스》, 2020.1.21.

교육부(2015.2.). 소프트웨어 교육 운영 지침.

교육부(2020.3.25.). 미래의 학교는 어떤 모습일까?

교육부(2020.4.3.). 가상현실이 바꿔나갈 초등 교육 살펴보기!

교육부(2020.7.29.). 블렌디드 러닝 수업, 교육과정에 상상력을 입혀라.

김선, 《Re-스타트, 다시 시작하는 교육》, 혜화동, 2020.

김정훈, 〈소프트웨어 교육이 궁금해!〉, 《KISTI의 과학향기》, 2016.1.11.

류원혜, 〈여가부 회수한 성교육책...護년전 덴마크에서도 논란, 대응은 달랐다."〉, 《머
　　니투데이》, 2020.9.16.

박고운, 〈다보스포럼 개막, 주요 이슈는?〉, 《한국경제TV》, 2020.1.21.

박선영, 〈성평등·성교육 통합 교육, 더 이상 늦출 수 없는 시대적 과제다〉, 《여성신문》,
　　2020.6.8.

박영현(2020.3.26.), 〈인공지능(AI)과 교육의 만남, 교육 혁신을 열다!〉, 교육부.

반기문(2020.7.22.), 〈국가기후환경회의 위원장 기조연설〉.

서울시교육청(2017.11.1.). 〈서울형 메이커 교육'중장기 발전 계획 발표〉, 서울시교육청.

이상원, 〈'나 다움 어린이책 논란'방황하는 한국의 성교육〉, 《시사IN》, 2020.9.17.

이상현. 〈잇따른 10·20대 성범죄... 문제는 성교육이다〉, 《매일경제》, 2020.4.18

임지영. 〈'n번방 시대'의 성교육, "남녀의 문제가 아니라 사회 문제다"〉, 《시사IN》,
　　2020.4.24

정지훈. 〈세계 경제인들 '기후 위기'를 논하다〉, 《한국경제TV》, 2020.1.28

주원·류승희·정민, 2020, 〈새로운 경제시스템 창출을 위한 경제주평〉, 20-2. 현대경
　　제연구원.

최연구(2020.3.16.). 사라지는 일자리 vs 새로 생기는 일자리. 교육부.

최연구. 〈미래에 필요한 인재는?〉, 《교육부》, 2020.4.1.

최연구(2020.4.1.). 미래에 필요한 인재는?. 교육부.

혜화동(2020.2.17.). 미래의 인재가 갖춰야 할 10가지 핵심역량은?

혜화동(2020.2.26.). 문과라서 죄송, 아니 다행입니다! 인문학의 중요성.

혜화동(2020.4.13.). 유례없는 온라인 개학, 새로운 미래 교육의 시대에 대비하기.

〈논문〉

송영범·강경석, 2019, 혁신학교 네 가지 가치에 대한 혁신학교와 일반학교의 차이 및 변
　　화과정 분석), 《교육종합연구》, 17(1).

송영범·강경석, 2020, 경기도 초등 혁신학교와 일반학교의 학교혁신풍토의 차이 및 변
　　화과정 분석), 《교육문화연구》, 26(1).

〈사이트〉

대교솔루니(2018.5.10.). "국제바칼로레아(IB)" 교육과정에 대해 아시나요? (https://blog.
　　naver.com/soluny01/221271792707)

드림쌤(2020.9.18.). 포괄적 성교육의 포괄적 문제점. (https://blog.naver.com/
　　gemidream/222092586241)

스마트메이커(2019.12.6.). 메이커교육이 대체 뭐길래? 요즘 뜨는 메이커 교육 전망
　　(http://blog.naver.com/simon9627/221728736370)

우나희(2020.9.4.), 〈유네스코 국제 성교육 가이드가 제시하는 "포괄적 성교육"(CSE)〉, 유네스코한국위원회 공식블로그.

IBO(2020.). https://www.ibo.org/NASA(2020).

World of Change: Global Temperatures (https://earthobservatory.nasa.gov/world-of-change/global-temperatures)

WEF(2020). Education 4.0 (https://www.weforum.org/projects/learning-4-0).

WEF(2015). New Vision for Education (http://widgets.weforum.org/nve-2015/)

WEF(2020.1.). School of the Future (http://www3.weforum.org/docs/WEF_Schools_of_the_Future_Report_2019.pdf).